edition suhrkamp 2018

Erbschaft unserer Zeit
Vorträge über den Wissensstand der Epoche
Band 1
*Herausgegeben von Gary Smith*

Haben wir nach 1989 die Chancen für eine geistige Neuorientierung in Deutschland und Europa verpaßt? Der Fall des Kommunismus wurde als Sieg des Westens verstanden. »Weil sich im Osten alles änderte, waren wir davon überzeugt, daß im Westen alles so bleiben würde, wie es war.« Längst aber leben wir in einer Zeit neuer Ungewißheiten. Wolf Lepenies analysiert exemplarisch drei fundamentale Gebiete dieser neuen Ungewißheiten: die Arbeit, die Demokratie und die Wissenschaften.

Die ökonomisch-soziale Unsicherheit wird durch eine stetig wachsende Verknappung der Erwerbsarbeit hervorgerufen; die Krise der Demokratie zeigt sich in einer zunehmenden Abstinenz der Staatsbürger von ihr; die moderne Wissenschaft schließlich wird erneut mit dem Problem der Wertfreiheit konfrontiert.

In seinem zweiten Text »Die Sozialwissenschaften nach dem Ende der Geschichte« untersucht Lepenies Gründe für den krisenhaften Zustand der gegenwärtigen Wissenschaft exemplarisch an vier Fächern: der Geschichte, der Ethnologie, der Soziologie und der Ökonomie.

Wolf Lepenies, geb. 1941, war von 1986 bis 2001 Rektor des Wissenschaftskollegs zu Berlin. 2006 erhielt er den Friedenspreis des Deutschen Buchhandels.

Zuletzt sind von ihm erschienen: *Folgen einer unerhörten Begebenheit* (1992); *Aufstieg und Fall der Intellektuellen in Europa* (1992); *Sainte-Beuve. Auf der Schwelle zur Moderne* (1997).

# Wolf Lepenies

# Benimm und Erkenntnis
### Über die notwendige Rückkehr
### der Werte in die Wissenschaften

# Die Sozialwissenschaften
# nach dem Ende der Geschichte

*Zwei Vorträge*

Suhrkamp

*Diese Buchreihe wurde ermöglicht durch die Berliner Festspiele GmbH.*
*Redaktion des ersten Bandes: Rüdiger Zill*

edition suhrkamp 2018
Erste Auflage 1997
© Suhrkamp Verlag Frankfurt am Main 1997
Erstausgabe
Satz: Jung Satzcentrum, Lahnau
Druck: Druckhaus Nomos, Sinzheim
Umschlag gestaltet nach einem Konzept
von Willy Fleckhaus: Rolf Staudt
Printed in Germany

3 4 5 6 7 8 – 11 10 09 08 07 06

## Erbschaft unserer Zeit

Das Jahrhundert, dessen geistiges Erbe in dieser Buchreihe geprüft werden soll, hat durch einen unvorstell-
baren Verlust an Ethik Geschichte gemacht. Es war uns
vorbehalten, die Techniken der Naturbeherrschung so
zu entfalten, daß sie auch an der inneren Natur des
Menschen keine Grenze mehr fanden und damit das
Jahrhundert der Völkermorde ermöglichten. Verdun
und Vietnam, Auschwitz und der Archipel Gulag waren die inhumanen Stationen jenes Fortschrittszuges,
den wir lieber zu Freud und Benjamin, Picasso und
Godard fahren sahen.

Kann man diese Paradoxie in einer Synthese unseres
heutigen Wissens aufheben? Die Bände der »Erbschaft
unserer Zeit« versuchen es mit einem Zugang, der an
die Enzyklopädisten erinnert. Sie gehen auf Vorträge
zurück, die bis zur Jahrtausendwende in Berlin gehalten werden. Führende Wissenschaftler aus unterschiedlichen Disziplinen leisten auf Einladung des
Einstein Forums und der Berliner Festspiele GmbH
Beiträge zu einer Bilanz der Moderne, die nur einen
gemeinsamen Fluchtpunkt kennt: gänzliche Illusions-
losigkeit über das Zeitalter – aber dennoch ein rück-
haltloses Bekenntnis zu ihm.

*Gary Smith*

# Wolf Lepenies
# Benimm und Erkenntnis

*Über die notwendige Rückkehr der*
*Werte in die Wissenschaften*

# Ludwigshafen und Berlin

»Hier wird breit gesehen. Die Zeit fault und kreißt zugleich. Der Zustand ist elend oder niederträchtig, der Weg heraus krumm. Kein Zweifel aber, sein Ende wird bürgerlich sein.« So lautete, vor mehr als 60 Jahren, Ernst Blochs Bilanz im Vorwort zu seinem Buch *Erbschaft dieser Zeit*. Wie konnte Ernst Bloch von einem Standort, den er mit zögernder Präzision als »des näheren marxistisch« beschrieb, mit diesen Worten im Jahre 1935 das Resümee seiner Zeit ziehen? Er konnte es nicht. Ich habe, seinen Text zitierend, fünf Buchstaben weggelassen – das Wort *nicht*. Tatsächlich schrieb Ernst Bloch: »Der Zustand ist elend oder niederträchtig, der Weg heraus krumm. Kein Zweifel aber, sein Ende wird *nicht* bürgerlich sein.«[1]

Am *Fin de siècle* haben sich alte Gewißheiten so sehr verkehrt, daß wir uns im Text Ernst Blochs spontan verlesen – überzeugt davon, daß wir nicht nur in Europa, sondern weltweit nach dem Ende des Kommunismus, der die Herrschaft der Bourgeoisie beseitigen wollte, in die endlose Epoche der Bürgerlichkeit eingetreten sind, die globale Marktwirtschaft des *posthistoire*. Der Standort, von dem aus wir dieses behaupten, ist auch nicht entfernt marxistisch zu nennen, er ist nicht einmal antimarxistisch, er ist auf eine eigentüm-

---

1 Ernst Bloch, *Erbschaft dieser Zeit*. Vorwort zur Ausgabe 1935, in: ders., *Gesamtausgabe* 4, Frankfurt/M. (Werkausgabe edition suhrkamp) 1977, S. 15. Meine Hervorhebung.

liche Weise überzeugungslos und zugleich seiner selbst gewiß.

Die Veranstalter dieser Vortragsreihe haben ihr einen Titel gegeben, der die Erinnerung an Ernst Blochs ebenso polemische wie poetische Blätter von 1935 zur Pflicht macht. Die Erbschaft *jener* Zeit ist für uns aktuell geblieben – vor allem, wenn man Blochs Text von 1935 liest und dabei seine kurze, 1962 veröffentlichte Nachschrift als eine Art von Lesebrille benutzt. Billig wäre es dabei, Blochs Irrtümer und schiefe Prognosen zu zitieren; ertragreicher ist es, an seine Wirklichkeit gewordenen Vorahnungen zu erinnern. Denn nicht nur in der Nachschrift zur *Erbschaft dieser Zeit* finden sich Passagen von aufblitzender Aktualität – so dort, wo der neuere Westen des geteilten Deutschland durch Wohlstand und zahlreiche Langeweile, der neuere Osten durch Nicht-Wohlstand und monolithische Langeweile gekennzeichnet werden –, auch der Originaltext verblüfft, und wenn man ihn heute liest, kommt man sich manches Mal vor, als ob man unvorbereitet vor den Spiegel tritt.

Selten zeigt sich diese Aktualität in den politischen Attacken Ernst Blochs, in denen bei allen barocken Ausuferungen in Wortwahl und Satzbau doch eine beträchtliche Linientreue herrscht und ›trotzkistische Quertreibereien‹ ebenso ernsthaft wie ›sozialdemokratische Verwässerungen‹ zur Erklärung langfristiger gesellschaftlicher Fehlentwicklungen und tiefer politischer Krisen herangezogen werden. Die Aktualität, die Blochs Text heute noch trägt, steckt im Detail.

So finden sich darin – wie abgemessen genau in der

Mitte des Buches plaziert – ein Porträt der Region Ludwigshafen-Mannheim und eine Stadtphysiognomie Berlins in unmittelbarer Nachbarschaft zueinander. Sie muten uns an wie ein prophetischer Vorgriff auf die Gegenwart. Unter dem verstörenden Stichwort ›Funktionen im Hohlraum‹ wird der Übergang Berlins in eine neue Zeit beschrieben, und hellsichtig hält Ernst Bloch fest, daß ausgerechnet Ludwigshafen – nicht nur seine Geburtsstadt, sondern auch die Heimat Helmut Kohls –, daß ausgerechnet Ludwigshafen mit seiner ›traditionslosen Luftleere‹ die Wirrnisse der Zeit unbeschädigt überstehen wird: »Vom Bahndamm grüßt eine Trauerweide zum ›Jubiläumsbrunnen‹ herüber [...]: dort steht Gußeisen auf Tuffstein, die Bavaria verleiht der Ludwigshafenia die Stadtkrone, schräg unten lehnt Vater Rhein grottenhaft, gießt spärlich Wasser aus seinem Füllhorn. Am Bahnhof steht eine Schillerbüste, und die Berg-und-Talbahn singt den Text dazu, Branntweinschenken heißen ›Zur Pariser Uhr‹ und der theatralische Verein spielt den ›Scharfrichter von Augsburg‹: das ist oder war bis vor kurzem dieses kleinbürgerliche Wildwest am Rhein. Am feierlichsten Fluß Deutschlands, mitten zwischen Speyer und Worms, mitten im Nibelungenlied gleichsam, dicht neben Jesuitenkirche, Rokoko-Bibliothek, Schillers Hof- und Nationaltheater in Mannheim. Selten hatte man die Wirklichkeiten und die Ideale des Industriezeitalters so nahe beisammen, den Schmutz und das residenzhaft eingebaute Geld.«[2]

2  A. a. O., S. 209-210.

Berlin dagegen – eine Residenz ohne eingebauten Schatz – ist die Stadt, die gewohnt ist, mit geliehenem Geld zu arbeiten, und die sich damit die geflickten Taschen füllt; es ist die Metropole, die spätbürgerlich ganz vorn liegt und die im wesentlichen aus umbautem Hohlraum besteht – windig, sachlich und zerstreut zugleich. Blochs boshaftes Doppelporträt weckt im heutigen Leser den Verdacht, es sei neben der Windigkeit der alt-neuen Hauptstadt vielleicht auch die Vorherrschaft Ludwigshafens als Lebensform, die unseren Politikern den Umzug nach Berlin und unserer Intelligenz den Übergang zu einer neuen oder doch erneuerten Republik so schwierig machen.

Was an Ernst Blochs Buch, was an der Erbschaft *seiner* Zeit einst besonders aufstachelnd und revolutionär gewirkt haben mag, erscheint heute am stärksten veraltet: der expressionistische Gestus, das Vielwissen und die ausfernde Besserwisserei. Die Substanz, die sich hinter der angestrengten Syntax verbirgt, ist oft dünn und glatt, und der an Dialektik reiche, an Didaktik überreiche Text, der immer wirkt wie mit erhobenem Zeigefinger geschrieben, erinnert daran, daß es Dinge gibt, die man zwar lernen muß, aber nicht lehren kann.

Und doch bewahrt der Text Ernst Blochs schon durch das Datum seiner Entstehung den heutigen Leser vor jeder Überheblichkeit. Zwei Jahre nach dem, wie Bloch es nannte, ›Hitlersieg‹ geschrieben, läßt die *Erbschaft dieser Zeit* vorausahnen, zu welcher Niederlage der Zivilisation durch deutsche Schuld dieser ›Sieg‹ alsbald führen würde.

# Die Generation, die rechtzeitig zu spät kam

Die Erbschaft jener Zeit können wir nicht ausschlagen – und wenn ich ›wir‹ sage, so spreche ich, 1941 geboren, von meinen Altersgenossen, von der Generation der Deutschen, die keine Hitlerjungen mehr werden konnten. Am 13. Februar 1945 verpaßten meine Mutter – ein Baby im Arm – und ihre Schwester – mich, ein kleines Kind, an der Hand – den überfüllten Zug nach Dresden, so daß wir die Nacht in einem Dorf in der Nähe verbringen mußten. Das Gehöft, in dem wir untergekommen waren, lag auf einer Anhöhe, und zu den wenigen Bildern, die ich mir aus der Kindheit heute noch in die Erinnerung zurückrufen kann, gehört der Gang ins Freie, in jener Februarnacht vor mehr als 50 Jahren, um das brennende Dresden zu sehen. Am nächsten Tag durchstreifte mein Vater die verkohlte Stadt, in welcher er uns tot vermutete. Lange Zeit glaubte ich, die schlimmste aller deutschen Bombennächte in Dresden selbst überlebt zu haben. Mit einem leisen, doch entschiedenen Triumphgefühl erzählte ich davon – als läge ein besonderes Verdienst darin, von der Katastrophe verschont worden zu sein. Als wir in der Nacht vom 14. zum 15. Februar 1945 in unser Quartier ›beim Bauern‹ zurückkehrten, blieben die Erwachsenen noch lange in der Stube sitzen. Ich wurde ins Bett gelegt, doch ein Türspalt blieb offen, und so sah ich über mir in einen Lampenschirm aus Glasfäden, die leise hin und her klirrten. Konnte es noch russische Artillerie gewesen sein, die das Beben des Bodens und damit die Bewegung der Lampe hervorrief? Der Schlaf kam schnell. An den kurzen Rest des Krieges vermag ich mich nicht mehr zu erinnern.

Warum glauben wir, einmal davongekommen, in noch größerer Gefahr gewesen zu sein? Hier scheint eine geheime Prädestinationslehre zu herrschen: unser Verdienst, so glaubt es tief in uns, wächst mit dem Ausmaß der Katastrophe, der wir entronnen sind. Triumph mischt sich ins Überlebensglück. Ich sehe hierin ein kennzeichnendes Merkmal meiner Generation. Wir haben – so dürfen wir sagen – die großen Schrecken dieses Jahrhunderts nicht mitzuverantworten, und wir werden – so können wir hoffen – unter den heraufkommenden Krisen des neuen Jahrhunderts kaum mehr zu leiden haben. Sind wir vielleicht die Generation des geschickten *timing*, kamen wir gerade noch rechtzeitig zu spät, und werden wir gehen, bevor es wieder ernst wird? Aus dieser Frage erwachsen uns besondere Verpflichtungen für die Zukunft.

# Rückblick auf ein glückliches Jahr

Über die Erbschaft unserer Zeit zu sprechen heißt –
nicht zuletzt heute und hier in Berlin –, sich an ein
glückliches Jahr zu erinnern, das *annus mirabilis* der
europäischen Nachkriegsgeschichte. 1989, das Jubilä-
umsjahr der Französischen Revolution, wird ein Wun-
derdatum bleiben. Aber: es war ein zweideutiges Jahr.
Die Marktgesellschaften des Westens triumphierten –
und wußten im Augenblick ihres Triumphes nicht, daß
die Zeit der großen Zweifel längst angebrochen war.
Der Fall des Kommunismus und seine möglichen Folgen sind im Westen nicht zuletzt fehleingeschätzt worden, weil es an Einsichten in den Zusammenhang von
Ereignis und Struktur mangelte. Wir ließen uns von der
strukturbrechenden Kraft der Ereignisse zu folgenrei-
chen Fehlschlüssen und zu voreiligen Wunschvorstel-
lungen verleiten – und wurden schnell über die struk-
turbewahrende Kraft belehrt, die Ereignisse auch haben
können. Weil sich im Osten alles änderte, waren wir davon überzeugt, daß im Westen alles so bleiben würde,
wie es war. In trügerischer Selbstgewißheit haben wir
die Umwälzungen jenseits der Elbe in die Perspektive
der kurzatmigen Ereignisgeschichte gerückt, unserer
eigenen intellektuellen Trägheit dagegen haben wir die
unantastbare Würde der langen Dauer verliehen. Staub
dort, Ewigkeit hier – da konnte, vom amerikanischen
State Department mit besonderem Wohlwollen zur
Kenntnis genommen, die neueste Verkündigung vom

Ende der Geschichte nicht ausbleiben. Siegreich umspannte die westliche Moderne die Welt.

Diesem Triumphdenken entsprach eine Philosophie, die nicht nur das politische Selbstverständnis der abendländischen Demokratie, sondern auch die kulturellen Selbstverständlichkeiten des Westens zu allgemeingültigen Leitideen erhob. Geprägt wurde sie von der Vision der Aufklärung, daß im Laufe der Geschichte die Menschen immer stärker dazu neigten, ihre überlieferten Verhaltensorientierungen und partikularen Identitäten aufzugeben, um sich in einer weltweiten Zivilisation zu vereinen: dort würde das Zusammenleben aller von vernunftgesteuerter Moralität bestimmt werden.

Wir Europäer hatten uns über lange Jahrzehnte eingeredet, wir seien im Endbahnhof des *posthistoire* und der Nachmoderne angelangt, zu den herrschenden Ideen und Ideologien, die sich nur noch sanft aneinander rieben, gebe es keine Alternative, es gelte, sich mit dem Bestehenden abzufinden und mit den Beständen zu rechnen und sich in eine unabänderliche ökonomische und politische Weltordnung und in die Zweiteilung der Welt zu fügen. Um so überwältigender war dann unser Erstaunen über das Ausmaß und die Geschwindigkeit des Wandels. Mit dem Verschwinden des Kommunismus schien die Utopie von gestern zur Wirklichkeit von heute geworden zu sein.

Wer aber ist nun, da das Ende dieses Milleniums näher rückt, noch so tolldreist, über den Gang der Geschichte zu spekulieren oder gar vom Ende der Geschichte zu faseln? Nicht zuletzt der Bürgerkrieg auf dem Balkan hat uns gezeigt, daß wir alle ›experts before experience‹ waren, Besserwisser, die sich heute kleinlaut eingestehen müssen, daß mit der Mehrheit zu irren vermutlich der einzige Weg ist, um am Ende recht zu behalten. Wir haben einen Aktschluß für das Ende des Stücks gehalten und haben viel zu früh geklatscht.

Wir sind in ein Zeitalter neuer Ungewißheiten eingetreten. Es kann beispielsweise gar keine Rede davon sein, daß sich weltweit und ohne Widerstand die Marktwirtschaft und die Demokratie durchsetzen. Vielmehr sind gerade die Marktwirtschaft und die Demokratie an ihren Ursprungsorten in Krisen geraten, aus denen wir augenblicklich noch keinen Ausweg erkennen können. Groß ist unsere Verwirrung, aber noch größer ist das Ausmaß unserer Lethargie – nicht nur die Politiker in unserem Land ähneln Leuten, die sich weigern zu glauben, ihr Haus brenne, solange sie den Schlüssel dazu noch in der Tasche haben.

Im folgenden skizziere ich zunächst am Beispiel von Arbeit, Demokratie und Wissenschaft drei Ungewißheiten unserer Zeit. Ich beschreibe sodann die gegenwärtige Orientierungskrise als die Folge einer gescheiterten Säkularisierung. Ich erinnere an Chancen zu einer geistigen Neuorientierung, die wir in Deutschland und in Europa nach 1989 verpaßt haben, und plädiere für eine Politik auf lange Frist, für eine Politik der Mentalitäten. Mit dem Hinweis darauf, daß nach einer langen Zeit des Orientierungsverzichts heute die Werte wieder in die Wissenschaften zurückkehren, schließe ich. In meinem Vortrag bündele ich eigene Beobachtungen und Vorschläge; sie beruhen auf praktischen Erfahrungen in der inneren wie auswärtigen Wissenschaftspolitik.

# Neue Ungewißheiten I:
## Die Krise der Arbeitsgesellschaft

Die Krise der Industriegesellschaft spitzt sich im Problem der Arbeitslosigkeit immer mehr zu. Die Zahlen sind dramatisch, aber noch dramatischer sind die strukturellen Veränderungen in der Produktion und auf dem Arbeitsmarkt, die die Sockelarbeitslosigkeit stetig erhöhen und mit denen wir, wie es scheint, nicht mehr fertig werden. Parteipolitische Schuldzuweisungen und ideologische Auseinandersetzungen sind dabei sinnlos: in den letzten zwanzig Jahren hat beispielsweise Frankreich siebzehn Beschäftigungsprogramme gegen die Arbeitslosigkeit aufgelegt, die von drei bürgerlichen und fünf sozialistischen Regierungen stammten. In dieser Zeit stieg die Zahl der Stellungsuchenden um 800 %.

Die traditionellen Maßnahmen zur Bekämpfung der Arbeitslosigkeit wirken, wenn überhaupt, nur auf kurze Frist; zugleich wird dadurch der Spielraum für politische Zukunftsentscheidungen immer enger; längst hat sich eine Jetztgesellschaft eingebunkert, die ihre Daseinsfürsorge auf Kosten künftiger Generationen betreibt. Die Grenzen des neuen Egoismus verlaufen dabei frontenneutral: »Rette sich, wer kann!« steht auf dem Banner, unter dem sich die, die noch Arbeit zu vergeben haben, und die, die sich noch Arbeit nehmen dürfen, vereinen. Die Frage, die wir immer dringender stellen müßten, lautet: Wie läßt sich in unserer Zeit ein Wertewandel befördern, der Arbeit umwertet und damit Arbeitslosigkeit entdramatisiert? Doch statt diese Frage zu stellen und nach Antworten darauf zu suchen, schreiben wir – ein Menetekel der Vergeblichkeit – in neuen Landesverfassungen das Recht auf Arbeit fest.

In der postindustriellen Gesellschaft sind mehr und mehr Menschen gezwungen, in der Arbeitslosigkeit nicht nur eine unwillkommene Unterbrechung ihres gewohnten Lebensrhythmus zu sehen, sondern einen irreparablen Biographiebruch. Im Hinblick auf erfahrene Arbeitslosigkeit hatte die übliche Rede von den Konjunkturzyklen ja etwas ungemein Beruhigendes an sich: sie suggerierte, daß alles wieder so werden würde, wie es einmal war. Eingebettet in globale Märkte aber gehen heute die ›Volkswirtschaften‹ aus jeder Rezession mit einer erhöhten Sockelarbeitslosigkeit hervor, und Betriebe sehen das einzige Heilmittel zur wirtschaftlichen Gesundung im Personalabbau.

Vorschläge zur Erneuerung eines Sozialkontraktes zwischen Insidern und Outsidern – dazu gehört auch das vielbeschworene ›Bündnis für Arbeit‹ – greifen daher zu kurz, da sie glauben, eine durch Arbeitslosigkeit verursachte Ungerechtigkeit lasse sich in der Regel finanziell kompensieren und damit prinzipiell entschärfen. Wer seine Arbeit verloren hat, ist im wahrsten Wortsinn wertlos geworden, weil Arbeit der zentrale Wert der Industriegesellschaft ist. Das Ethos unseres Miteinanderlebens ist nicht zuletzt ein Ethos des Miteinanderarbeitens. Können wir uns vorstellen, daß Arbeit den Charakter einer unbefragten, einer herausgehobenen kulturellen Selbstverständlichkeit verliert?

Wir müssen es tun – auch wenn niemand von uns beanspruchen kann, heute auf die Frage nach der Zukunft der Arbeit eine Antwort zu haben. Wenn sich aber abzeichnet, daß in der Gesellschaft der Zukunft nicht genügend Erwerbsarbeit im herkömmlichen Sinn für die Bevölkerung vorhanden sein wird, dann muß es nicht nur erlaubt sein, dann ist es notwendig, darüber nachzudenken, ob die sich bereits abzeichnenden neuen Verteilungskämpfe tatsächlich noch durch Sozialkontrakte zwischen Arbeithabenden und Arbeitslosen zu lösen sind oder ob wir nicht vielmehr eine Neubewertung der Arbeit anstreben müssen. Wir brauchen nicht nur eine neue Sozialpolitik; genauso dringend brauchen wir eine neue Ideenpolitik.

Arbeit ist in der durch das europäische Erbe geprägten Weltzivilisation eine kulturelle Selbstverständlichkeit. Aber auch diese Selbstverständlichkeit hat ihre historischen Wurzeln. Das aber heißt: sie ist veränderbar. Im Wertekosmos der Antike war Arbeit unmenschlich und den Sklaven angemessen, die höchste Sozialprämie lag auf der *vita contemplativa*. Ausgerechnet in der Hektik der Gründerzeit hat der größte antizyklische Denker, den Deutschland hervorbrachte, hat Friedrich Nietzsche darauf aufmerksam gemacht, daß einst die Arbeit »das schlechte Gewissen auf sich« hatte, und er hat seine Sehnsucht nach diesem Zustand nicht verhehlt. Wirksamer war in unserem Lande freilich der Schwabe Hegel, für den das Subjekt sich durch Arbeit konstituierte, und Friedrich Schiller variierend, ließe sich die vorherrschende Tradition unserer sozialphilosophischen Überzeugungen auf die Formel bringen, daß der Mensch nur da ganz Mensch ist, wo er arbeitet.

Nun wäre es zynisch, in der Umwertung der Arbeit eine arbeitsmarktpolitische Maßnahme zu sehen. Uns hilft heute keine Antikensehnsucht weiter, und es dürfte kaum jemanden geben, der einer Refeudalisierung das Wort redet, die Arbeit für Sklaven reserviert. Eine solche Idee entlarvte sich schon wegen der Notwendigkeit zur zunehmenden Höherqualifizierung der Arbeit als Hirngespinst. Auch geht es nicht um eine Umwertung der Werte, sondern um die Frage einer Koexistenz von Werten, die wir bisher für unvereinbar hielten. Daß sich hier dramatische Änderungen vollziehen, steht außer Frage. ›The virtues are fighting back‹ war eine große Rezension im *Times Literary Supplement* überschrieben, die sich drei Büchern mit lapidaren Ein-Wort-Titeln widmete: *Gratitude, Loyalty, Responsibility.* Kehren fast vergessene Tugenden heute wieder in die öffentliche Debatte zurück?

Warum sollte es nicht möglich sein, Konsens über ein Wertesystem zu finden, in dem die traditionelle Form der Erwerbsarbeit ebenso wie neue Tätigkeitsformen, eine als allgemeine Verpflichtung empfundene »Sozialarbeit« oder gar Nicht-Arbeit in Form von Muße gleichermaßen akzeptable Werte wären? Sowohl die Verkürzung der tariflichen Arbeitszeit als auch die Ausweitung der Teilzeitquote sollten wir in dieser heute noch utopisch anmutenden Perspektive nicht nur wegen des dadurch ausgelösten Beschäftigungseffekts begrüßen – der im Zeitraum von 1983 bis 1992 immerhin eine Million Personen betraf –, wir sollten darin die Vorboten eines überlebensnotwendigen Wertewandels sehen. Wir müssen uns zumuten, über eine Werte-Koexistenz von Arbeit und Nicht-Arbeit nachzudenken und uns Lebensläufe auszumalen, in denen nach Regeln, aber zugleich mit hohen Improvisationschancen Phasen der Arbeit mit Phasen der Nichtarbeit wechseln.

Wenn wir über den Wandel von Werten nachdenken, tun wir in der Regel so, als ob es sich darum handelte, eine Lampe aus- und eine andere anzuknipsen. Was uns weitgehend fehlt, ist eine gesellschaftspolitische Dimmer-Mentalität: es geht um die Vereinbarkeit von Werten und um die Erleichterung von Wertübergängen. Wir brauchen dazu Sozialcharaktere mit festen Kernüberzeugungen und gleichzeitig von hoher innerer Flexibilität, Lebenslaufkünstler, zu deren Ausbildung unsere traditionellen Sozialisationsagenturen heute noch nicht in der Lage sind. Vor allem aber bedürfen wir, um diesen Wertewandel zu befördern, der intellektuellen Phantasie.

## Neue Ungewißheiten II:
## Von der Partizipations- zur Absenzdemokratie

Die Demokratie als Staats- und Lebensform steht vor ihrer größten Bewährungsprobe. Traditionell in unseren Erfahrungen und Erwartungen auf kurze Fristen, meist Wahlperioden, fixiert, fehlt uns heute der politische Langmut, Prozesse wirksam in Gang zu setzen, die uns Opfer abverlangen und von denen erst unsere Kinder und Kindeskinder Nutzen haben werden. Die Demokratie als Staatsform des institutionalisierten und damit hoch legitimierten Machtwechsels in überschaubaren Zeiträumen scheint nur bedingt geeignet für die Entwicklung einer solchen Politik auf lange Frist, die sich nicht an Amts- und Legislaturperioden orientiert und die den parteienübergreifenden Konsens um der Sache und nicht nur um der Mehrheit willen sucht.

Die Demokratie wie die Marktwirtschaft haben von der Existenz der staatssozialistischen Regime entscheidend profitiert: gegenüber einem politischen System, dessen Leitidee die Unterdrückung der Andersdenkenden war, gegenüber einer Verwaltung, die sich als Bürokratisierung der Ineffizienz kennzeichnen ließ, und gegenüber einer Planwirtschaft, in der nichts funktionierte außer der Maximierung der Ausbeutung von Mensch und Natur, fielen die Nachteile demokratischer Strukturen und Prozesse kaum ins Gewicht, konnten die sozialen Kosten der kapitalistischen Marktwirtschaft in den modernen Zwei-Drittel-Gesellschaften des Westens leicht übersehen werden. Erst mit dem weltweiten, strahlenden Triumph der Demokratie werden ihre Schattenseiten sichtbar.

Die Differenz von antiker und moderner Freiheitskonzeption wird nun erneut aktuell. Während in der Frühzeit der Demokratie Freiheit die (zumindest) den Vollbürgern gegebene und von diesen (meist) auch genutzte Chance der aktiven Teilnahme an der Gestaltung des öffentlichen Lebens meint, verkörpert sich die moderne Freiheit in Form der repräsentativen Demokratie und in der dem einzelnen gegebenen Chance, sich auf seine eigenen Interessen ohne die Gefahr des Staatseingriffs zu konzentrieren. Wir sind als moderne Staatsbürger zutiefst davon überzeugt, daß unsere bürgerlichen Freiheiten nicht durch unser Engagement in der Politik am besten bewahrt werden, sondern durch unsere Politik-Abstinenz, dadurch, daß wir um uns herum einen Anspruchszaun errichten, wie Quentin Skinner es beschrieben hat, der uns abschirmt und unsere Interessen schützt und den die Herrschenden nur auf die Gefahr ihrer Abwahl hin übersteigen dürfen. Aus der ursprünglichen Partizipationsdemokratie mit ihrer ›civic glory and greatness‹ ist die Absenzdemokratie geworden, in der die größtmögliche Freiheit von der Politik die Leitidee fast aller ist.

Während so die politische Klasse an Ansehen verliert, wachsen zugleich die Ansprüche an die Politik. Man verlangt vom Staat alles und hält von seinem Personal nichts. Die Demokratie wird dadurch gleichermaßen unterschätzt wie überfordert und in jedem Falle in ihrer Legitimät geschwächt.

# Neue Ungewißheiten III:
## Die Orientierungskrise der Wissenschaften

Aktuelle Beispiele – Kernenergie, Gentechnologie, Umweltschutz – drängen sich auf, will man das Orientierungsdefizit der Wissenschaften illustrieren. Ein historischer Rückblick aber gibt dem Problem erst seine Tiefenschärfe: dann zeigt sich, daß wir es in der gegenwärtigen Orientierungskrise der Wissenschaften nicht mit einem Defizit zu tun haben, das sich mit einiger Anstrengung wieder ausgleichen ließe, sondern mit dem Ende einer Programmatik. Ihren frühen und prägnanten Ausdruck findet sie in Descartes' *Discours de la méthode* (1637), einem Hauptbuch der modernen Wissenschaft. Nirgends läßt sich deutlicher zeigen, daß die Wissenschaft der Neuzeit nicht an Orientierungsschwäche leidet, sondern daß sie aus Gewohnheit im ausdrücklichen Orientierungsverzicht in politisch-sozialen Fragen die wichtigste Voraussetzung ihres Tuns sieht.

Descartes will zeigen, wie die Vernunft sich selbst führen muß, um die Wahrheit zu finden. Im radikalen Zweifel werden die festen Fundamente des Wissens gewonnen, die sicheren Schritte des richtigen Wissenserwerbs ermittelt. Der Zweifel aber, dessen Radikalität Descartes hervorhebt, ist keineswegs universal: vielmehr wird der Bereich der Gesetze und der Sitten (*lois et coutumes*) ausdrücklich von Zweifeln freigehalten. Denn der Wissenschaftler, der in seinen Urteilen unentschlossen bleibt, solange die Prinzipien des rechten Vernunftgebrauchs nicht zweifelsfrei ermittelt worden sind, ist als Staatsbürger doch zum Handeln gezwungen. Aus diesem Dilemma von Handlungshemmung und Handlungszwang befreit sich Descartes durch die Konstruktion einer provisorischen Moral (*morale par provision*), die zum einen darauf abzielt, die bestehenden sozialen Normen nicht in Frage zu stellen, zum anderen darauf, Normen, für deren Einhaltung einmal eine Entscheidung gefallen ist, so zu befolgen, als seien sie gewiß.

Innerwissenschaftliche Radikalität, gesellschaftliche Anpassung und ein sich rational verstehender Dezisionismus vereinen sich in der provisorischen Moral, die in der Neuzeit zur endgültigen Moral der Wissenschaften wird. Descartes hatte, um die Notwendigkeit dieser vorläufigen Moral zu begründen, von einem Haus gesprochen, in dem man bequem untergebracht sein müsse, wenn das alte Domizil abgerissen, das neue noch nicht fertiggestellt sei. Aus diesem Provisorium wird für die Wissenschaften der Neuzeit ein Domizil auf Dauer.

Die abschreckende Erfahrung der europäischen Religionskriege führt die moderne Wissenschaft zum Verzicht auf jegliche »Behandlung religiöser und staatlicher Angelegenheiten«, wie es in der Mitte des 17. Jahrhunderts heißt. Die Folge ist ein Paradox: gerade weil die neue, sich einzig nach der Erfahrung richtende, auf experimentelle Überprüfung ihrer Aussagen abzielende Wissenschaft von allen religiösen und politischen Überlegungen frei bleiben will, läßt sie sich von nun an für konkrete politische und ideologische Zielsetzungen besonders leicht vereinnahmen.

Dies gilt zunächst für die Naturwissenschaften. In den Sozialwissenschaften, die in ihrer Entstehungsphase Moralwissenschaften heißen, weil sie von den *mores*, den Sitten, handeln, spitzt sich das Orientierungsproblem zu. Denn die *moral sciences* wollen Wissenschaften sein wie die Naturwissenschaften, aber zugleich wollen sie handlungsleitend wirken. So müssen sie entweder Doktrinen entwickeln, die nicht weniger fanatisch vertreten und propagiert werden wie der rechte Glauben zuvor – oder sie müssen so szientifisch betrieben werden, daß ihnen darüber die Lebenswelt aus den Augen und aus dem Sinn gerät.

Die Orientierungsunfähigkeit der modernen Wissenschaft ist in Wahrheit ein Unwille zur Orientierung; es handelt sich nicht um ein Problem, sondern um ein Programm. Die Entscheidung, sich auf ideologische Fragen nicht einzulassen, macht die Wissenschaften besonders anfällig für die ideologische Verwertung ihrer Ergebnisse. Aus einer antireligiösen Einstellung erwächst eine Wissenschaftsreligion. Die heutige Orientierungskrise hat, was die Wissenschaften angeht, nicht zuletzt in dieser Vorgeschichte ihre Wurzeln.

Industrialisierung, Demokratisierung, Verwissenschaftlichung – dies sind drei Prozesse, die die Moderne prägen. Wenn sich daher heute der Wertekern der Arbeitsgesellschaft durch die Abnahme der traditionellen Erwerbsarbeit entleert, wenn politische Partizipation nicht mehr das selbstverständliche Handlungsmotiv in der Demokratie ist, sondern Demokraten sich nur fern von der Politik wohl fühlen, und wenn der Orientierungsverzicht der Wissenschaften auf einmal nicht mehr als Programm, sondern als Problem gesehen wird – dann befinden wir uns in der Tat in einer Orientierungskrise.

Zu den grundlegenden Prozessen, die die Moderne prägen, zählt noch ein vierter: der Prozeß der Säkularisierung. Ein grundlegendes Problem der Moderne, vielleicht die entscheidende Erbschaft unserer Zeit, liegt darin, daß dieser Prozeß mißlingt. Man mag das mit Gilles Kepel die *revanche de Dieu*, die Rache Gottes, nennen. In der Mitte des 19. Jahrhunderts notieren die Brüder Goncourt in ihrem Tagebuch: »Der aufgeklärte, der wirklich weise Mensch, darf noch nicht einmal Atheist sein. Noch nicht einmal diese negative Religion darf ihn prägen.« Damit ist das Kernproblem der Moderne benannt: ihr Wunsch wie zugleich ihre Unfähigkeit, sich in der Indifferenz zu halten. Von Spinoza, der dem Atheisten auferlegte, wenigstens als Heiliger zu leben, wenn er schon nicht glauben könne, bis hin zu

Ernest Renan, der nach dem Urteil der Zeitgenossen mit dem Glauben zugleich dem Kampf gegen den Glauben den Boden entzog, wird die europäische Geistesgeschichte der Neuzeit von Denkern geprägt, deren Attacken auf den Glauben säkulare Ideen zunehmend in die Glaubensförmigkeit zwingen.

*Revanche de Dieu*? – das zwanzigste Jahrhundert sieht den Aufstieg und den Fall der Säkularreligionen. Einer Welt, die sich lange Zeit ihrer Gottlosigkeit rühmte, sind jetzt auch noch die weltlichen Glaubensgewißheiten abhanden gekommen: der vielbeschworene neue Mensch hat sich, nach unerhörten Schreckenstaten und unbeschreiblichen Opfern, als der ganz alte Adam erwiesen. »Glauben Sie an nichts, fügen Sie Ihren Zeitgenossen möglichst wenig Leid zu und arbeiten Sie« – der Lebensratschlag eines der großen Analytiker und Agnostiker der Moderne, Paul Valéry, klingt heroisch. Einzelne mögen sich danach richten. Der soziale Kitt aber, der Gemeinschaften zusammenhält, läßt sich aus einem Programm der Indifferenz nicht formen.

Arbeit, Demokratie, Wissenschaft – an ihrer Geschichte zeigt sich, wie religionsförmig der Prozeß der Säkularisierung in Europa stets blieb, daß die Zurückweisung des Glaubens nicht zur Indifferenz führte, sondern neue Dogmen und neue Formen der weltlichen Intoleranz hervorbrachte. Die Orientierungskrise unserer Zeit verweist daher um so nachdrücklicher auf die Notwendigkeit einer Re-Spiritualisierung, einer erneuerten Wertevergewisserung in einer Zeit, in der aus Wertfreiheit längst Wertverlust geworden ist.

Arbeit ist der Wertekern der säkularen Industriegesellschaft, aber sie konnte es erst werden, nachdem das mittelalterliche Christentum »die Arbeit auf[ge]wertet [hatte], die bis dahin als eine Folge des Sündenfalls verachtet und als Zeichen von Knechtschaft angesehen worden war«.[3] Die moderne Auffassung der Arbeit entsteht mit der Vorstellung, »daß der arbeitende Mensch ein Mitarbeiter sein könne bei der Schöpfung Gottes, des ersten großen Arbeiters«, wie es Jacques Le Goff formuliert hat. Bedeutet somit die drohende Abnahme der Arbeit einen weiteren Säkularisierungsschub? Nicht notwendigerweise, denn *vita activa* und *vita contemplativa* stehen in einem engen Zusammenhang, und warum sollte, wenn die Zeit der Arbeit abnimmt, die Zeit der Spiritualität nicht wieder zunehmen? Und schließlich die Demokratie. Sie ist in der Tat die ›Herrschaft der Laien‹ (Hartmut v. Hentig), aber zusammengehalten wird sie – niemand hat dies deutlicher gesehen als ihr genauester Beobachter und ihr schärfster Kritiker, Alexis de Tocqueville – von einer Zivilreligion. Diese Zivilreligion verliert, wer wollte es leugnen, mehr und mehr an Bindungskraft. Von der Entwicklung neuer und dauerhafter Bindungskräfte aber wird das Überleben der Demokratie als Staats- und Lebensform abhängen.

Am Beispiel von Arbeit, Demokratie und Wissenschaft habe ich zu zeigen versucht, wie die Orientierungskrise der Gegenwart nach einer Re-Spiritualisie-

3 Jacques Le Goff, *Das alte Europa und die Welt der Moderne*, München (Beck) 1994, S. 32.

rung unseres Lebens verlangt, wie das Scheitern aller Säkularreligionen am Ende unseres Jahrhunderts den ursprünglichen Triumph der Säkularisierung als Fehlschlag erkennen läßt. Die Ersatzreligionen haben ausgedient, und in der Indifferenz kann sich der Mensch nicht halten.

# Verpaßte Chancen

1989 scheint heute Lichtjahre entfernt. Überwältigt von der Folgenlosigkeit der unerhörten Begebenheiten, deren machtlose Zeugen wir werden durften, wächst in uns das Gefühl, große Chancen verpaßt zu haben. Selbstkritisch müssen wir Deutschen uns fragen, warum wir im Prozeß der Vereinigung nicht den Mut zu einem Moratorium, zu einem Moment des Innehaltens, zu einem Überdenken unserer eingespielten Selbstverständlichkeiten gefunden haben. Wir haben im Westen Deutschlands beispielsweise nicht für einen Augenblick über alternative Formen der medizinischen Versorgung, über eine Stärkung der Berufsaussichten für Frauen oder über eine Neuordnung *aller* deutschen Schulen, Hochschulen und Universitäten nachgedacht. Den ostdeutschen Verfassungsentwurf haben wir ungelesen auf dem Runden Tisch verstauben lassen, statt ihn zum Anlaß zu nehmen, aus dem im Prinzip bewahrenswerten Grundgesetz jene vom deutschen Volk in freier Entscheidung zu beschließende Verfassung zu machen, die sein Paragraph 146 fordert. Eine Selbstprüfung deutscher Politik, eine Infragestellung unserer kulturellen Selbstverständlichkeiten haben nach 1989 nicht stattgefunden.

Ähnliche Chancen hat das größer gewordene Europa verpaßt. Erinnern wir uns noch, welch entscheidende Rolle Kultur und Wissenschaft als Antrieb und

Motiv der vielfältigen Freiheitsbewegungen in Mittel- und Osteuropa gespielt haben? In Prag und Warschau und Budapest verband sich für lange Zeit die Idee eines freien und geeinten Europa eher mit den Visionen von Intellektuellen als mit den Kalkulationen von Managern oder dem Regelungsbedarf von Bürokraten. Innerhalb des alten EG-Europa war der Einigungsprozeß – Maastricht hat daran wenig geändert – längst zur Routine von Bürokraten und Wirtschaftsfachleuten geworden; man brauchte, um ein Wort von Jacob Burckhardt zu variieren, in Brüssel längst keine Extrapersonen mehr, man kam mit Oberbeamten durch. Verantwortlich dagegen für die Aufbruchstimmung in Mittel- und Osteuropa waren nicht zuletzt die Wissenschaft, die Kultur und die Kunst. Man mußte in Europa schon bis zur Jahrhundertwende, bis zur Dreyfusaffäre zurückgehen, um eine politische Großwetterlage zu finden, in welcher Intellektuelle eine gleichstarke öffentliche Wirksamkeit entfalteten.

Nicht zuletzt, weil sie sich unermüdlich für die Verwirklichung der Menschenrechte – dieses klassische, in Europa geborene Intellektuellen-Ideal – einsetzten, fanden die kulturellen Eliten Mittel- und Osteuropas eine so unvergleichliche moralische Anerkennung. Montesquieu schrieb einmal, vernehme man in einem Staat keinen Lärm von Streitigkeiten, so könne man sicher sein, daß in ihm keine Freiheit herrsche. Intellektuelle in Mittel- und Osteuropa – gewiß eine Minderheit im Vergleich zu den vielen Mitläufern, aber wie wirksam in ihrer kleinen Zahl! – waren die Anstifter einer Streitkultur, die auf unserem Kontinent das Ausmaß der Freiheit dramatisch vergrößerte.

Die politischen Karrieren der mittel- und osteuropäischen Schriftsteller und Wissenschaftler beruhten dabei weniger auf ihrer politischen Erfahrung oder ihrer ökonomischen Expertise als auf künstlerischer und wissenschaftlicher Aufrichtigkeit sowie moralischem Gemeinsinn. 1989 konnte man vermuten, daß in Europa auf absehbare Zeit zwei politische Kulturen aufeinanderstoßen würden. Auf seiten der armen Länder würden wir Intellektuelle mit hohem moralischen Kredit, aber ohne ausreichende Expertise finden, auf seiten der reichen Länder dagegen Fachleute mit einem nur mäßigen Interesse an Problemen der Moral. Dieser Konflikt zweier politischer Kulturen, die Auseinandersetzung des Experten mit dem Moralisten, würde zu einem belebenden Element der europäischen Politik werden.

Diese Prognose hat sich als falsch erwiesen. Nur kurze Zeit haben in Mittel- und Osteuropa eine hochgesinnte Moral, haben bürgerlicher Gemeinsinn und politischer Anstand den politischen Diskurs prägen können – nüchterne Realpolitik ist an ihre Stelle getreten, und die Experten haben weitgehend die Moralisten abgelöst. Man sollte diesen Vorgang nicht weinerlich kommentieren: die Veralltäglichung des Charismas ist nun einmal eine Art von politischem Naturgesetz. Daß es dabei zu ideologischen Wiederbelebungen und zu einer Wiederkehr der kommunistischen Führungskader – wenn auch meist unter neuen Namen – gekommen ist, steht auf einem anderen Blatt. Wir machen für diese Rückschritte in der Regel und zu unserer eigenen Entlastung die politische Unreife und die zu hohen, schlechterdings nicht zu erfüllenden Erwartungen der mittel- und osteuropäischen Wahlbevölkerungen verantwortlich; manchmal gehen wir so weit und werfen ihnen Undankbarkeit vor. Aber: Wenn Markt und Demokratie für uns untrennbar sind, gehören sie auch im Osten zusammen. Wir haben kein Recht, die demokratische Unreife von Nachbarländern zu beklagen, denen wir aus Eigensucht die Chance vorenthalten, gleichberechtigte Partner auf dem europäischen Markt zu werden. Die Debatte um die Osterweiterung der Nato haben wir Westeuropäer zu unserer Entlastung inszeniert: nun können wir die drohende Erweiterung der Europäischen Union noch länger hinausschieben.

Während im Osten die Moralisten längst von Experten abgelöst worden sind, zeigt sich im Westen, dies ist jedenfalls mein Eindruck, immer stärker die Notwendigkeit, die Voraussetzungen unseres politischen Selbstverständnisses und die Geltung unserer kulturellen Leitideen neu zu überdenken. In diesem Zusammenhang habe ich von einer Politik der Mentalitäten gesprochen.

# Eine Politik der Mentalitäten

Es geht dabei um den Mut zu einer Politik auf lange Frist in einer Zeit, die von unterschiedlichen *Mentalitätslagen* und von vielfältigen *Mentalitätsbrüchen* geprägt wird. Ich meine damit auf der einen Seite die dramatische Differenz von Lebenserfahrungen, aktuellen Lebenslagen und befürchteten oder erhofften Lebenserwartungen, die europäische Völker gegenwärtig aneinander wahrnehmen, die auf einmal von geographischen Anrainern zu politischen Nachbarn geworden sind.

Ich meine auf der anderen Seite, wenn ich von *Mentalitätsbrüchen* spreche, die zum Teil drastische Notwendigkeit zur Entwicklung neuer Lebensstile, Handlungsperspektiven und Zukunftshaltungen, vor die sich die Bevölkerung in vielen Ländern Europas heute gestellt sieht und die, gerade weil sie auf eine neue Projektion der Zukunft abzielt, in der Regel mit Umdeutungen der Vergangenheit einhergeht. Wir sind in ein Zeitalter der Revisionen und der neuen Identitätsfindungen eingetreten.

Wir müssen dabei, was den friedlichen Übergang zur *civil society* in ganz Europa angeht, auf den Generationenwechsel vertrauen. Das heißt aber auch: wir müssen lernen, uns damit abzufinden, daß wir selbst – jetzt spreche ich wieder von meiner Generation – die Folgen einer von uns gegenwärtig gewünschten und beförderten Politik nicht mehr miterleben werden. Die

Krise unseres politischen Selbstbewußtseins und unserer Selbstwahrnehmung als politisch Handelnde wird durch diesen Tatbestand ganz wesentlich verschärft.

Die Kernprobleme, denen sich heute vor allem die Industriegesellschaften des Westens gegenübersehen, sind nicht Probleme auf mittlere Frist. Es sind Probleme der langen Dauer, und sie werden ohne tiefreichende mentale Umorientierungen nicht mehr zu lösen sein. Die Herausforderungen der postkommunistischen Zeit werden die Europäer – im Westen wie im Osten – nicht durch eine bloße Verlängerung ihrer üblichen Handlungsketten und durch eine Stabilisierung eingeübter Denkgewohnheiten bestehen. Hinter dem Spektakel der Ereignisse nehmen wir die Trägheit unserer mentalen Strukturen wahr – der ›wheeles of custome‹, wie Bacon sie nannte. Um sie zu überwinden, brauchen wir – über die Etappen der einzelnen Legislatur- und Wahlperioden hinaus – eine Politik der langen Fristen, wir brauchen eine *Politik der Mentalitäten*.

Wir stehen hier vor einer europäischen Aufgabe – weil Europa auf dem Spiel steht, die wirtschaftliche Überlebensfähigkeit ebenso wie der kulturelle Selbstbehauptungswille unseres Kontinents. Mit den Stichworten ›Arbeit‹, ›Demokratie‹ und ›Wissenschaft‹ werden zunächst einmal europäische Ungewißheiten bezeichnet. Von der gegenwärtigen Krise der Industriegesellschaft werden zunehmend auch die asiatischen Länder betroffen. Nur für Europa aber stehen zugleich die Grundlagen des eigenen Wertesystems auf dem Spiel. Europa wird aus dieser Krise – die eine

Krise der europäischen Selbstverständlichkeiten, der eingespielten europäischen Mentalitäten ist – nur durch ein gehöriges Maß an Selbstkritik und durch ein Sichöffnen für andere Formen der Erfahrung mit der Moderne gestärkt hervorgehen.

In diesem Zusammenhang habe ich von einer notwendigen Schwerpunktverlagerung unserer auswärtigen Kulturpolitik gesprochen, in der jetzt der Import gegenüber dem Export an Bedeutung gewinnen muß. Es wird höchste Zeit, daß die westlichen Gesellschaften von Belehrungskulturen zu Lernkulturen werden. Eine Episode aus dem Wunderjahr 1989 hat mich tief beeindruckt. Im Wissenschaftskolleg, das in die Wissenschaftsstiftung Ernst Reuter eingebettet ist, wollten wir im Dezember 1989 – etwas verspätet, denn er wurde im Juli 1889 geboren – den 100. Geburtstag Ernst Reuters feiern, und Willy Brandt hatte zugesagt, dabei den Gedenkvortrag zu halten. Im Frühsommer 1989 fuhr ich nach Bonn, um mit ihm das genaue Thema abzusprechen. Schließlich sagte Willy Brandt: »Lassen Sie mich ein Thema formulieren, das mir alle Möglichkeiten der Improvisation offenläßt. Ich möchte über das Thema sprechen: ›Politische Reaktionen auf unvorhergesehene historische Veränderungen‹.« Das war, wie gesagt, im Frühsommer 1989, und im Dezember des gleichen Jahres kam Willy Brandt ans Wissenschaftskolleg und sprach – vor wenigen Tagen war die Mauer gefallen – über ›Politische Reaktionen auf unvorhergesehene historische Veränderungen‹. Jedermann führte die Wahl des Themas auf eine

Ad-hoc-Formulierung zurück, und ich mußte die Zuhörer über die Vorgeschichte der Themensuche und Themenfindung aufklären. Willy Brandt sprach, wie nicht anders zu erwarten, über die Mauer, er sprach über Berlin und über Deutschland und die vergangene und künftige Deutschlandpolitik – aber er sprach darüber nur kurz. Den größten Teil seines Vortrags widmete er nicht dem West-Ost-, sondern dem Nord-Süd-Problem, er sprach über seine Arbeit in der Brundtland-Kommission, und er erinnerte seine Zuhörer nachdrücklich daran, daß es für Europa in diesem glücklichen Augenblick darauf ankomme, im Enthusiasmus bescheiden zu bleiben und die armen Länder der außereuropäischen Welt nicht zu vergessen. Auf uns alle, nicht zuletzt auf die nicht-europäischen Fellows des Wissenschaftskollegs, machte dieser Vortrag einen unvergeßlichen Eindruck. So wie die Deutschen unmittelbar nach 1989 den Fehler begingen, zu viel an Deutschland und zu wenig an Europa zu denken, drohen heute – nach Maastricht und vor der geplanten Währungsunion – die Europäer, trotz aller Globalisierungsrhetorik in der Binnenperspektive ihres Kontinents zu verharren.

# Benimm und Erkenntnis

Unsere Zeit ist die Zeit der Kurzatmigkeit: zu lange schon leisten wir uns eine Legislaturperiodenpolitik in einer Ereigniskultur. Doch damit geht es jetzt zu Ende. Eine Erbschaft unserer Zeit, die durch die Überforderung der Politik und durch die Unterforderung von Kultur und Wissenschaft gekennzeichnet ist, liegt in der Erkenntnis, daß in unserem Wertesystem Umorientierungen vonnöten sind, die man der Politik alleine nicht zumuten kann und für die nicht zuletzt die kulturellen Eliten Verantwortung tragen. In unseren öffentlichen Debatten muß der Ideenstreit gegenüber dem Verteilungskampf wieder an Bedeutung gewinnen. In diesem Zusammenhang habe ich für einen Patriotismus der Intellektuellen plädiert und die Bildung eines sprechenden *Pour le mérite* angeregt, einer Verantwortungsgemeinschaft der Eliten, die in Sorge um das Gemeinwohl und mit Bereitschaft zum Risiko Vorschläge unterbreiten, wie wir in den Ungewißheiten unserer Zeit zu neuen Orientierungen finden.

Damit will ich eine kurzatmige Politik, deren Protagonisten längst vor den Bildmedien kapituliert haben, nicht entschuldigen. Mir liegt daran, uns, die Wissenschaftler, an die Mitverantwortung zu erinnern, die wir für den Zusammenhalt der Bürgergesellschaft tragen. Wir können uns nicht länger hinter dem eingespielten Orientierungsverzicht der Wissenschaften verstecken und zugleich beklagen, daß die wissenschaftliche Politikberatung nicht funktioniert. Natürlich trägt für die Beseitigung der Arbeitslosigkeit vorrangig die Wirtschaftspolitik Verantwortung. Nur: es geht längerfristig nicht um die Frage, wie man die Konjunktur wieder ankurbeln kann. Es geht darum, wie eine Gesellschaft, der die traditionelle Form der Erwerbsarbeit ausgeht, ihre Legitimität bewahrt. Daß sich die Wirtschaftspolitik vor der Beantwortung dieser Frage in die medienwirksame Geste und die Rhetorik flüchtet, ist ein politischer Skandal – ein intellektueller Skandal aber ist es, daß die Wirtschaftswissenschaften sich immer noch ihrer Wirklichkeitsferne rühmen und nicht genügend intellektuelle Energien auf die Lösung unserer Zukunftsprobleme verwenden.

Um nicht mißverstanden zu werden: es geht nicht um eine Verpflichtung der Forschung auf Anwendungsorientierung und unmittelbare Praxisbezogenheit. In vielen Fächern, besonders aber in der Ökonomie, geht es vielmehr um ein radikales Überdenken der kognitiven Grundannahmen: was uns fehlt, um besser auf die Praxis einzuwirken, ist engagierte Gelehrsamkeit, wir brauchen einen neuen, einen anderen Marx. Sein Hauptwerk hieße *Kritik der unpolitischen Ökonomie*.

Wenn ich für eine Wiederkehr der Werte in die Wissenschaften plädiere, so geht es mir nicht darum, aus unseren Fakultäten Bekenntnisanstalten zu machen. Es geht mir um die Weckung dessen, was man im Englischen ›moral awareness‹ nennen würde, um eine selbstverständliche, von früh auf einzuübende Aufmerksamkeit für die Einbettung wissenschaftlicher Probleme in moralische Zusammenhänge. Es geht nicht um Kongresse zur Wissenschaftsethik, auf denen sich Emeriti darüber unterhalten, was sie besser machen würden, wenn sie noch etwas machen könnten. Es geht um eine Investition in die Zukunft, es geht um Prioritätensetzungen für die Jugend, es geht um neue Erziehungsstile und -inhalte, es geht um eine Neugestaltung der Curricula. Ein Beispiel dafür bietet der Studiengang ›Umweltnaturwissenschaften‹ an der ETH Zürich. Am Gemeinsinn orientierte Wachsamkeit und Wertbewußtsein werden in diesem Studiengang auch dadurch geweckt, daß für die Naturwissenschaftler von Anfang an Fragestellungen aus dem Bereich der Geistes- und Sozialwissenschaften, der Ökonomie und der Jurisprudenz zum Lehrstoff gehören. Aufmerksamkeit für die gesellschaftliche Einbettung der eigenen Forschung und ihre möglichen sozialen Folgen wird auf diese Weise ohne jedes Pathos erreicht: sie ist nicht Bestandteil eines fakultativen Studium generale, sondern gehört wie selbstverständlich zum fachwissenschaftlichen Alltag.

Vor allem auf der Ebene der Curricula, also in der Lehre, müssen die aus den Wissenschaften einst vertriebenen Werte wieder in die Wissenschaften zurückkehren – nicht als Zwang zum Bekenntnis, wohl aber als Einübung in ein stärkeres Wertbewußtsein. Natürlich kommt einem in diesem Zusammenhang Max Weber in den Sinn mit seiner schneidenden, erbarmungslosen Zurückweisung normativer Erwartungen an die empirische Wissenschaft. Nur: wir haben Max Weber, den angeblichen Verfechter der ›wertfreien‹ Wissenschaft, bis heute mißverstanden, weil wir ihn haben mißverstehen wollen. Wir haben vergessen – Wilhelm Hennis hat darauf mit Nachdruck aufmerksam gemacht –, wie sehr Max Weber gerade als Nationalökonom erzieherisch wirken, sein Fach auf die Praxis, auf menschliches Handeln beziehen wollte.[4] Illusionslos bekämpfte Max Weber zu hohe Erwartungen, die an die Wissenschaften gerichtet wurden, und haßte den intellektuellen Predigerton, aber gerade darum setzte er sich selbst als Wissenschaftler unter hohen pädagogischen Erwartungsdruck: in intellektueller Nüchternheit wollte er den Menschen zu einer befriedigenden Lebensführung verhelfen.

Wir stehen in vielen Disziplinen vor der Notwendigkeit eines radikalen Überdenkens ihrer Grundlagen. In Deutschland werden wir um eine himmelsrichtungsneutrale, den Westen wie den Osten treffende Evaluation unserer institutionellen Arrangements im Bereich von Forschung und Bildung nicht länger mehr herumkommen. Wir werden – Peter Glotz hat einen Anfang gemacht – nicht länger mehr nur um den Numerus clausus, um Hochschulbauten und um Studiengebühren streiten, sondern um die *Idee* der Universität: noch nach dem Zweiten Weltkrieg war dies für einen Karl Jaspers ebenso selbstverständlich wie in der Mitte des

4 Wilhelm Hennis, *Max Webers Wissenschaft vom Menschen*, Tübingen (J. C. B. Mohr/Paul Siebeck) 1996.

19. Jahrhunderts für John Henry Cardinal Newman in seiner *Idea of a University.*[5] Wir brauchen weder Ideologen noch Bekenner, doch die engagierten Temperamente müssen in Forschung und Lehre wieder an Bedeutung gewinnen.

Es gibt Anzeichen für einen Wandel. Er wird in der Wissenschaftsgeschichte besonders deutlich: die Revision unseres Max-Weber-Bildes durch Wilhelm Hennis gehört ebenso dazu wie die Entdeckung einer Sozialgeschichte der Wahrheit. Wenn wir jetzt herausfinden, daß im 17. Jahrhundert wie selbstverständlich *civility,* also eine auf Gemeinsinn verpflichtete Höflichkeit, vom Wissenschaftler erwartet wurde, liegen Schlußfolgerungen für unsere eigene Zeit nahe.[6] ›The virtues are fighting back‹ – auch in den Wissenschaften. Warum sollte man nicht von intellektuellem Anstand sprechen? Peter Glotz argumentiert in diese Richtung, und die zunehmende Bedeutung, die Wissenschaftler wie Georges Canguilhem oder Albert O. Hirschman gewonnen haben, hängt nicht zuletzt damit zusammen, daß sich in ihrem Werk kognitive Schärfe und Originalität mit intellektueller Redlichkeit eng verbinden. Wir trauen uns wieder, Gelehrte zu bewundern, in deren persönlicher Haltung und in deren Werk kognitive Interessen und moralisches Engagement sich wie selbstverständlich vereinen und wechselseitig stärken. Wir stehen – so

5 John Henry Cardinal Newman, *The Idea of a University* [1852], New York (Longmans, Green and Co.) 1947.
6 Steven Shapin, *A Social History of Truth. Civility and Science in Seventeenth-Century England*, Chicago (The University of Chicago Press) 1994.

dürfen wir hoffen – vor der Wiederbelebung einer
›scholarship of engagement‹.[7]

٭

Benimm und Erkenntnis – es gehört sich, daß ich nun
zu Ende komme. Benimm ist ein seltenes und seltsames
Wort, nach Auskunft der Lexika wird es nur noch
scherzhaft für ›Benehmen‹ gebraucht, für das, was man
einst den ›esprit de conduite‹ nannte. Wenn wir aber das
Ethos unseres Zusammenlebens neu gestalten wollen,
werden wir über die Beförderung des Anstands nachdenken müssen – in der öffentlichen Sphäre ebenso wie
in unserem privaten Leben. Und auch in den Wissenschaften müssen wir den Benimm wieder ernst nehmen. Hat man uns nicht schon als Studenten beige-
bracht, daß Erkennen und wertendes Handeln wenig
miteinander zu tun haben, daß es eine Sache ist, die
Wahrheit in den Wissenschaften zu finden, eine ganze
andere aber, nach den Prinzipien des guten Lebens zu
suchen? Wir beginnen, über die Folgen dieser Trennung nachzudenken und uns zu fragen, ob *savoir* und
*savoir vivre* nicht doch enger zusammengehören.

Die Wissenschaftsgeschichte der Neuzeit ist eine
Geschichte der Entmoralisierung: aus den sich spezia-
lisierenden und verengenden Disziplinen verschwindet
die Werthaltung, die Moral, und der Wissenschaft als

7 Ernest L. Boyer, »The Scholarship of Engagement« (Stated Meeting Report),
   in: *Bulletin of the American Academy of Arts and Sciences* Vol. XLIX, April
   1996, No. 7, S. 18-33.

ganzer kommen die *mores* abhanden. Nun haben wir eine Wissenschaft ohne Moral und stehen in der technisch-wissenschaftlichen Zivilisation, die sich ihrer Gottferne rühmt, ohne ein Wertesystem da.

Seit dem Ende des 18. Jahrhunderts glauben europäische Intellektuelle, die öffentlich wirken wollen, sich zwischen Voltaire oder Rousseau entscheiden zu müssen. In der Regel treffen sie dabei eine Fehlentscheidung. Denn zu wenige optieren weder für den Skeptiker noch für den Enthusiasten, sondern für einen Dritten, für den selbstironischen Anwalt des intellektuellen Anstands: für Diderot. Charakteristisch für Diderots Bild vom Aufklärer ist das hohe Maß seiner Selbstverpflichtung. Diderots Intellektueller führt keine aparte Existenz, die Alltagswelt ist ihm nicht fern und fremd. Da er weiß, daß der Mensch nur in Gesellschaft mit anderen leben kann, will er seine eigene Soziabilität voll entwickeln, seinen Mitmenschen gefallen und sich nützlich machen. Die Bürgergesellschaft ist für ihn verehrenswert wie eine irdische Gottheit, er kennt ihre Prinzipien besser als jeder andere, in ihrer Vervollkommnung sieht er sein höchstes Ziel. So wird die Selbstüberschätzung des Intellektuellen domestiziert und aus der Weltfremdheit des Gelehrten wird die Verpflichtung, zur Mehrung des öffentlichen Wohls beizutragen. Im 18. Jahrhundert durfte man eine solche Haltung, auch in Deutschland, noch Patriotismus nennen. Mehr denn je bedürfen wir heute eines solchen Patriotismus der Intellektuellen.

In diesem Sinn müssen die Werte wieder in die Wissenschaften zurückkehren, sollte Anstand wieder zur Grundorientierung des Wissenschaftlers gehören. Hierin liegt vielleicht weniger eine Erbschaft, wohl aber eine entscheidende Aufgabe unserer Zeit.

# Wolf Lepenies
# Die Sozialwissenschaften
## nach dem Ende der Geschichte[*]

[*] Zum ersten Mal habe ich diesen Vortrag im Oktober 1995 in Bern aus Anlaß des ersten gemeinsamen Kongresses der schweizerischen Sozialwissenschaften gehalten; abgedruckt wurde er im Band *Gesellschaften im Umbau. Identitäten, Konflikte, Differenzen*, ed. Claudia Honegger u. a., Zürich (Seismo Verlag) 1996, S. 39-61. Er erscheint hier in leicht veränderter und, vor allem was die Ökonomie betrifft, erweiterter Fassung.

# Selbstüberschätzung und Orientierungskrise

Nach dem vermeintlichen ›Sieg‹ über den Kommunismus fehlte dem Westen ein Politiker wie der französische Außenminister im Kabinett von Odilon Barrot, der vor 150 Jahren schrieb: »Wir waren siegreich, aber mir war klar, daß nun unsere wirklichen Schwierigkeiten zutage treten würden [...]. Solange die Gefahr andauert, hat man nur seine Feinde gegen sich und triumphiert; nach dem Sieg aber hat man es auf einmal mit sich selbst zu tun, mit der eigenen Weichheit, mit dem eigenen Stolz und der trügerischen Sicherheit, die der Sieg mit sich bringt; und schließlich fällt man doch.«[1] Der Außenminister hieß Alexis de Tocqueville.

Für zu lange Zeit wurden unser Denken und Handeln von einer Philosophie der Ausrufezeichen geprägt. Deren Hausse ist vorbei; jetzt tummeln sich allenthalben die Fragezeichen. Wir leben in einem Zeitalter der wachsenden Ungewißheiten, doch bleibt es falsch, von einem Ende der Ideologien zu sprechen. Denn in unsicherer Zeit werden neue Gewißheiten propagiert, die oft nichts sind als die Ideologien von gestern, und während wir Worte wie ›Demokratie‹ und ›Aufklärung‹ nur noch mit fragendem Unterton aussprechen, kommen andere Worte mit neuen Ausrufe-

---

1 Alexis de Tocqueville, *Souvenirs*, Paris (Gallimard) 1978, S. 316. Vgl. meinen Eröffnungsvortrag beim 40. Deutschen Historikertag in Leipzig im September 1994 »Von der Geschichte zur Politik der Mentalitäten«, in: *Historische Zeitschrift* 261 (1995), S. 673-694.

zeichen daher: ›Nation‹, ›Volk‹ und auch – unvorstellbar – ›Rasse‹ gehören wieder dazu. Wir leben in einer Zeit, in der die alten Ideologien verschwinden und die ganz alten Worte auf einmal wiederkehren. Daß wir uns in einer Orientierungskrise befinden, ist dabei offenkundig: wir können die Werte kaum mehr benennen, die wir für lebbar und für lernbar halten.

Bleibt uns nur noch die Resignation? Heute stoßen ein verzweifelter Optimismus und eine beinahe gelassene Verzweiflung aufeinander. Während die einen das Ende der Welt nahen sehen, erinnern die anderen kühl daran, daß die Konjunktur solcher Untergangsphantasien – der sogenannten Millenarismen – vor Jahrtausendwenden die Regel ist. Am besten hält man sich an Gottfried Keller, der seinen in Miesepetrigkeit erstarrenden Zürcher Zeitgenossen ins Stammbuch schrieb, es sei gesünder, wenig zu hoffen und das Mögliche zu schaffen, als zu schwärmen und nichts zu tun.

An Beispielen aus vier Fächern – Geschichte, Ethnologie, Soziologie und Ökonomie – will ich zeigen, mit welchen disziplinären Wandlungsprozessen die in eine neue Beweglichkeit geratenen Sozialwissenschaften heute versuchen, auf die Herausforderungen gesellschaftlicher Veränderungen zu reagieren. Abschließend will ich die Sozialwissenschaften der Zukunft als Möglichkeitswissenschaften beschreiben.

# Die Notwendigkeit mentaler Veränderungen und die neue Beweglichkeit der Sozialwissenschaften

Die Kernprobleme, denen sich die Marktgesellschaften des Westens heute gegenübersehen, sind nicht Probleme der mittelfristigen Konjunktur. Dies gilt für den Geist wie für die Ökonomie. Wir haben es mit Problemen langer Dauer zu tun, und sie werden ohne tiefreichende mentale Umorientierungen nur schwer zu lösen sein. Die Herausforderungen der postkommunistischen Zeit werden vor allem wir Europäer nicht durch eine bloße Verlängerung unserer üblichen Handlungsketten und durch eine Stabilisierung eingeübter Denkgewohnheiten bestehen.[2]

Ich habe in diesem Zusammenhang von der Notwendigkeit einer neuen Art der Politik gesprochen, die ich – in bewußter Anlehnung an die *histoire des mentalités* – als Politik der Mentalitäten beschrieben habe. Zugleich habe ich betont, daß die Verantwortung, den so notwendigen Wandel unserer Mentalitäten zu befördern, nicht nur von der Politik getragen werden kann. Sie ist auch eine Sache der kulturellen Eliten. Welche Rolle können dabei die Sozialwissenschaften spielen?

Meiner Antwort liegen praktische Erfahrungen zu-

---

2 Vgl. dazu Wolf Lepenies, »Ist die Europäisierung der Welt beendet? Neue Herausforderungen an den alten Kontinent – In Asien und anderswo« (Japanisch und Deutsch), in: *Journal. Bi-monthly Review of the Swiss-Japanese Chamber of Commerce* 1/1997, S. 3-17, 42-52.

grunde. Ich habe mich seit 1989 verstärkt darum bemüht, durch den Aufbau von Institutionen zur Stärkung lokaler Wissenskulturen in Ost- und Mitteleuropa und damit zur Abwehr des *brain drain* beizutragen. Dazu zählen die Gründung des Collegium Budapest, des New Europe College in Bukarest und der Bibliotheca Classica in Sankt Petersburg sowie die Mitarbeit beim Ausbau der Graduate School for Social Research in Warschau und im Board of Trustees der Central European University von George Soros, die in Budapest und Warschau ihren Sitz haben. Mein Vorschlag zur Formulierung einer Politik der Mentalitäten geht auf mein wissenschaftspolitisches Engagement in Mittel- und Osteuropa zurück.

In den letzten 15 Jahren habe ich in ›undisziplinierten‹ Institutionen gearbeitet: dem Institute for Advanced Study in Princeton, dem Collège de France in Paris und dem Wissenschaftskolleg zu Berlin. Ich spreche von ›undisziplinierten‹ Institutionen, weil es zur Politik der genannten Einrichtungen gehört, sich nicht von den Interessen einzelner Fächer dominieren zu lassen; vielmehr sind die Mischung der Disziplinen und der geplante wie spontane Disziplinenkontakt ihre Leitideen. Das heißt: ich habe in den letzten Jahren die Entwicklungen in den Sozialwissenschaften eher von der Peripherie, als von einem Zentrum aus verfolgt. Ich habe dabei vor allem die Anschlußfähigkeit der einzelnen Sozialwissenschaften an andere Fächer und ihre Bereitschaft beobachten können, sich im Kontakt mit anderen Disziplinen produktiv verblüffen zu lassen und eingespielte Selbstverständlichkeiten in der Theoriebildung wie in der Methodenwahl in Frage zu stellen.

Wenn ich im folgenden von den Sozialwissenschaften spreche, so denke ich dabei an die Soziologie, die Ethnologie, die Geschichte und die Ökonomie. Die Ökonomie und die Geschichte mögen sich in dieser Gesellschaft nicht wohl fühlen – die Psychologie und die Politische Wissenschaft mögen sich darüber beklagen, nicht dabei zu sein. Ich kann weder den Einschluß der einen noch den Ausschluß der anderen systematisch oder klassifikatorisch begründen; auch muß ich Zweideutigkeiten der Etikettierung in Kauf nehmen, die etwa bei der Ethnologie dadurch entstehen, daß man dabei sowohl an die Volkskunde als auch an die ›social anthropology‹ denken kann. Im Englischen hätte ich mir Rückfragen dieser Art erspart, weil ich, statt von den ›social sciences‹, von ›social thought‹ gesprochen hätte.

Ich nehme meine Einschätzung vorweg: es gibt Entwicklungen in den Sozialwissenschaften, Steigerungen ihrer disziplinären Beweglichkeit, die wichtige Beiträge zur Beförderung des mentalen Wandels und der Veränderungsbereitschaft erwarten lassen, die nach dem vorzeitig ausgerufenen Ende der Geschichte dringend notwendig sind, um unsere Zukunft zu sichern.

*

Von Sainte-Beuve – dem französischen Kritiker, der zugleich einer der heimlichen Soziologen des 19. Jahrhunderts war[3] – stammt die Bemerkung, bei jedem Autor gebe es ein Schlüsselwort, von dem aus sein ganzes Werk interpretiert werden könne. Ähnlich gibt es vermutlich für jeden Text einen Bezugstext, von dem er, ausgesprochen oder verborgen, seinen Ausgang nimmt. Mein Bezugstext ist ein Essay von Clifford Geertz aus dem Jahre 1980 – »Blurred Genres. The Refiguration of Social Thought«. Das allmähliche Verfertigen dieses Textes habe ich im Reden und Schreiben seines Autors mitverfolgt; ich gehöre zu seinen frühesten Lesern und zu seinen ältesten Bewunderern.[4]

Clifford Geertz machte in seinem Essay auf ein Maskenspiel der Fächer aufmerksam, das den Betrachter bis heute verwirrt: philosophische Untersuchungen verkleiden sich als Literaturkritik, naturwissenschaftliche Debatten verbergen sich hinter der Rubrik ›Belles Lettres‹, literarische Phantasien geben sich als empirische Sozialforschung aus, historische Erzählungen nehmen Tabellenform an, Dokumentarberichte werden als Beichten formuliert, Theorien verstecken sich in Reiseberichten, Ideologien tarnen sich als Geschichte und eine Erkenntnistheorie behauptet, sie sei eigentlich ein Erlebnisaufsatz. Es fehlen eigentlich nur noch, sagt Geertz, die Quantentheorie in Reimen und

---

3  Offenkundig wird Sainte-Beuve zum Soziologen, wenn er sich mit dem Werk Le Plays beschäftigt oder mit Proudhon, über den er ein ganzes Buch geschrieben hat. Vgl. Wolf Lepenies, *Sainte-Beuve. Auf der Schwelle zur Moderne*, München (Hanser) 1997.
4  Clifford Geertz, »Blurred Genres. The Refiguration of Social Thought« [1980], in: ders., *Local Knowledge. Further Essays in Interpretive Anthropology*, New York (Basic Books) 1983, S. 19-35.

eine Autobiographie, die aus lauter Algorithmen besteht.

Dem Literaturkenner muß dieser Maskenzug bekannt vorkommen, denn natürlich hat er den *Grünen Heinrich* gelesen und erinnert die Episode, in welcher der Erzähler von der »wunderliche[n] Manier« berichtet, »in welcher die verschiedenen Künste ihre technische Ausdrucksweise vertauschen« – mit der Folge, daß beispielsweise eine Symphonie beschrieben wird wie ein Bild und ein Naturforscher nichts dabei findet, den tierischen Verdauungsprozeß mit einem Gesang der Göttlichen Komödie zu vergleichen. »Kurz«, so schließt Gottfried Kellers Erzähler, »es scheine keiner Zunft mehr wohl in ihrer Haut zu sein und jede im Habitus der andern einherziehn zu wollen. Wahrscheinlich handle es sich um das Ermitteln und Feststellen eines neuen Inhaltes für sämtliche Wissenschaften und Künste, wobei man sich beeilen müsse, nicht zu kurz zu kommen.«[5]

Hinter den Wortmasken verbirgt sich eine neue Wirklichkeit, Fächer sind in Bewegung geraten, neue disziplinäre und künstlerische Identitäten haben sich geformt: im *Grünen Heinrich* wird die Gegenwart ahnend vorweggenommen. Heute ist die Mischung der Genres auch Folge einer tiefgehenden anthropologischen oder interpretativen Wende in den Sozialwissenschaften; es geht nicht darum, eine neue Landkarte zu

5 Gottfried Keller, Der grüne Heinrich [1853], in: ders., *Werke*, Zürich (Artemis) o. J., Bd. 2, S. 539. Ich verdanke diesen Hinweis Albert O. Hirschman.

zeichnen, sondern darum, das Zeichnen von Landkarten auf eine neue Grundlage zu stellen. Ein von Geertz so genanntes ›demokratisches Temperament‹ prägt diese Form des sozialwissenschaftlichen Denkens, dessen Konsequenzen Kernannahmen der herrschenden Meinung in den Sozialwissenschaften in Frage stellen: die strikte Trennung von Theorien und Daten wird obsolet, nach keiner Idealsprache wird mehr gesucht, immer weniger Wissenschaftler sehen ein erstrebenswertes Ziel darin, moralisch neutral zu sein. Die Neuordnung der Gesellschaftstheorie bringt nicht so sehr eine neue Form des Wissens mit sich: jetzt ändern sich unsere Vorstellungen davon, was wir eigentlich wissen wollen oder wissen sollen.

Hier ist nicht Gelegenheit, die Motivlagen miteinander zu vergleichen, die Gottfried Keller und 130 Jahre später Clifford Geertz zu ähnlichen Beobachtungen kommen ließen. Kellers Text hilft uns aber zu verstehen, wie die Chance zur Mischung der Genres aus der freien Konkurrenz der Fächer erwächst und nur durch das Fehlen einer allgemein anerkannten Leitdisziplin möglich wird. Daß der Traum von einer sozialen Physik ausgeträumt ist, ist die Voraussetzung für die ›Demokratisierung‹ des sozialwissenschaftlichen Denkens, von der Geertz spricht. Die Gründerväter der Soziologie würden in dieser Demokratisierung wohl ein Scheitern ihrer Projekte sehen – von Auguste Comte über Durkheim bis zu Talcott Parsons. Aber gerade dieses ›Scheitern‹ – wenn man es überhaupt so nennen will – ist der Grund, warum die Fähigkeit der

Sozialwissenschaften, unsere Gegenwart zu verstehen und zu jenem Wandel der Mentalitäten beizutragen, der allein unsere Zukunft zu sichern vermag, wohl doch größer ist, als Skeptiker es vermutet haben.

Ich gehöre selbst zu diesen Skeptikern. Nach der ›Wende‹ von 1989 habe auch ich die Sozialwissenschaftler verspottet, die nie etwas voraussahen und hinterher alles besser wissen.[6] Ich habe dann erst gemerkt, wie sehr dieses Urteil auf einer Überforderung der Sozialwissenschaften beruht, die sie seit ihrer Gründung begleitet und die Auguste Comte auf die Formel gebracht hatte: *voir pour savoir, savoir pour prévoir, prévoir pour prévenir* ... 1989 aber bedeutete den endgültigen Abschied von allen Großtheorien. So wie die *grand tour* nicht mehr zu unseren Bildungserlebnissen gehört, ist es müßig geworden, nach der *grand theory* zu suchen, die uns im gegenwärtigen Durcheinander weiterhilft.

Sind solche Aussagen Anzeichen für eine professionelle Resignation? Vielleicht – denn beim Publikum ist das Bedürfnis nach Großdeutungen ungebrochen. Eine Fußnote zur jüngsten Aufregung in der deutschen Literatur zeigt dies beispielhaft: ich spreche von Günter Grass und seinem Roman *Ein weites Feld*. Ob er selbst es nun auch wollte oder nicht: von Grass wurde verlangt, das Epos der Wiedervereinigung zu schreiben, uns verwirrten und unsicheren Deutschen mit Hilfe der Literatur einen Vorgang zu deuten, der in Ost und

---

6 Vgl. Wolf Lepenies, *Folgen einer unerhörten Begebenheit. Die Deutschen nach der Vereinigung*, Berlin (Corso bei Siedler) 1992.

West bis heute schwer verstehbar bleibt. Aber der Großschriftsteller scheiterte, mußte ebenso scheitern wie die Großsoziologen. Des Autors Fehler war es, nicht erkannt zu haben, daß die ›unerhörte Begebenheit‹ der Wiedervereinigung vielleicht in einer Novelle, nicht aber im Epos dargestellt werden kann. Ich habe nach 1989 behauptet, nun dümpelten auf dem Strom der Zeit der Soziologe und der Romancier zusammen im gleichen Boot, dem kleinen Beiboot nämlich, während auf dem großen Dampfer die Propheten und die Feuilletonisten sich mit Tuten und Pfeifen, mit Apokalypsen und Aperçus Gehör verschafften. Das Bild stimmt immer noch, aber ich hatte unterschätzt, wieviel Soziologen heute sehen und verstehen können, auch wenn es zur Prognose und erst recht zur Prävention nie reichen wird. Während ich an anderer Stelle[7] der Literatur im Verständnis der sozialen Tatsachen einen Deutungsvorsprung gegenüber der Soziologie zugesprochen habe, kann ich dies für die Zeit nach 1989 nicht wiederholen: wer sich über den sozialen Wandel in unserer Gegenwart informieren will, wird von der sozialwissenschaftlichen Fachliteratur besser bedient als von der Belletristik. Und wer weiter nach der großen Schlüsselattitüde sucht, die alles, und alles sofort, erklärt, wird ohnehin enttäuscht.

Clifford Geertz' Essay über die Mischung der Genres wird von einem Ton der Aufmüpfigkeit geprägt, der freilich schon zur Zeit seiner Entstehung mehr von Ko-

7 Vgl. Wolf Lepenies, *Die drei Kulturen. Soziologie zwischen Literatur und Wissenschaft*, München (Hanser) 1985.

ketterie als von Revolte an sich hatte. Auch wenn Geertz anfangs der achtziger Jahre noch eine Minderheit der Sozialwissenschaftler vertrat: es war bereits eine Sperrminorität. Vielleicht teilte die Mehrheit seine Sichtweise noch nicht – übersehen konnte sie niemand mehr. Heute kann man die Vorgehensweise der interpretierenden Sozialwissenschaften nur deshalb nicht zum Mainstream zählen, weil die Metapher vom Mainstream im Zeitalter der alltäglichen Genremischungen, die die Theorien wie die Methoden, die Gegenstandswahl wie die Darstellungsweisen umfaßt, sinnlos geworden ist.

Wenn ich hier von Sozialwissenschaften spreche, denke ich, wie erwähnt, vor allem an vier Fächer: Ethnologie, Geschichte, Soziologie, Ökonomie. Wo stehen diese Fächer heute?

Für jedes gebe ich zunächst eine formelhafte Antwort. Die Ethnologie hat von ihrer Schwäche profitiert: nach dem Verlust ihres spezifischen Forschungsgegenstandes, den sogenannten ›primitiven‹ Kulturen, ist sie zu einer anerkannten Deutungsdisziplin moderner Industriegesellschaften geworden. Die Ökonomie leidet unter ihrer Stärke: sie verbirgt den Wunsch, sich zu wandeln und der Realität der Wirtschaftsgesellschaft auf die Spur zu kommen, hinter einer Formelsprache, die ihre disziplinäre Identität (noch) absichert und anderen Disziplinen die Anschlußmöglichkeiten erschwert. Die Soziologie, anfangs von ihr in die Enge getrieben, profitiert vom Überschwang der Ethnologie: heute scheint weitgehend Konsens darin zu bestehen, daß in der Deutung der Gegenwart ›Gesell-schaft‹ gegenüber ›Kultur‹ wieder an Bedeutung gewinnen muß. Die Geschichtswissenschaft hat sich – nicht zuletzt aufgrund der unveränderten Bedeutung ›nationaler‹ Forschungstraditionen, die sich auf inter-essante und für die Profession fruchtbare Weise mitein-ander kombinieren und gegeneinander ausspielen las-sen – ihre im Laufe des 20. Jahrhunderts enorm gewachsene Anschlußfähigkeit an andere Fächer und ihre beispielhafte Lust zur Koalition mit anderen Dis-ziplinen bewahrt.

Ich gebe nun Hinweise auf Wandlungsprozesse und Aufmerksamkeitsverschiebungen in den genannten Fächern, die mir von besonderer Wichtigkeit zu sein scheinen – weil sie die Chancen erhöhen, den gesell-schaftlichen Wandel besser zu verstehen und zur Ände-rung unserer festgefahrenen Verhaltensweisen und Mentalitäten einen Beitrag zu leisten.

## *1. Ethnologie und Geschichte:*
### *Die Abkehr vom Ethnozentrismus und die Pluralisierung der Kulturen*

Karl Popper hatte recht mit seiner frühen Voraussage, im 20. Jahrhundert werde die moderne Industriegesell-schaft zum bevorzugten Objekt der Sozialanthropolo-gie. Er machte dafür im wesentlichen die Defizite der Soziologie und den Kompensationszwang der Ethno-logie verantwortlich, die dabei war, durch die Zivilisierung der letzten Wilden ihr exklusives Erkenntnisobjekt zu verlieren. In den USA, in England und in Frankreich ist dabei die Ethnologisierung der Sozialwissenschaften deutlicher sichtbar als in Deutschland – dem Land, das seiner völkischen Vergangenheit wegen nach dem Zweiten Weltkrieg die Völkerkunde fast vollständig verdrängen mußte und in dem aufgrund einer von außen plötzlich erzwungenen, das heißt aber innenpolitisch weder umkämpften noch durchlebten Entkolonisierung die Ethnologie nie eine kulturpolitische Schlüsselrolle zu spielen vermochte.

In der Geschichtswissenschaft verstand sich die von den *Annales* geprägte und in ihrem Umkreis konzentrierte Mentalitätengeschichte von Anbeginn auch als eine rückblickende Ethnologie. Dies bedeutete zunächst eine intellektuelle Wiedergutmachung. Die Ethnologie war nicht zuletzt eine Hilfswissenschaft des Imperialismus und des Kolonialismus gewesen. Den ethnologischen Blick jetzt auf die ›lokale‹ europäische Vergangenheit und damit auf die Vorgeschichte der eigenen Gegenwart zu werfen, bedeutete endgültig, den Ethnozentrismus aufzugeben: der Exotismus wurde damit eine heimische Angelegenheit. In einer Zeit, da die sogenannte ›native anthropology‹ Mode wurde und die ehemaligen Kolonialvölker es wagten, nunmehr aus ihrer Sicht die entwickelten Industriegesellschaften des Westens zu kritisieren, umging die Mentalitätengeschichte den damit verbundenen Dauerdruck moralischer Rechtfertigung: die aus eigenem Willen betriebene Verfremdung der heimischen Geschichte wurde zur europäischen Form der ›native anthropology‹.

Die dieser Zielsetzung entsprechende Forschungspraxis aber mußte, wie schon Lucien Febvre vorausgesagt hatte, weißen Westeuropäern schwerfallen, die sich traditionell an der Soziologie und Psychologie überernährter Bevölkerungen orientierten. So darf man die Absichtserklärungen der Mentalitätengeschichte im Hinblick auf die außereuropäischen Gesellschaften nicht idealisieren. Der Übergang zur Historischen Ethnologie vollzog sich langsam. Letztlich blieb es für die meisten Historiker doch befriedigender, sich der großen Tradition der lateinischen Christenheit in Europa zu widmen als sich mit den Nambikwara oder den Dogon abzugeben. Immerhin hat die ethnologische Wende die Geschichte der Mentalitäten zu einer entschiedenen Modernitätsskepsis und Aufklärungskritik geführt: sie hat die Kehr- und Kostenseite des Zivilisationsprozesses nicht unterschlagen. Die Perspektive der ›longue durée‹ hat auch den Vorzug, daß sie erkennen läßt, wie tief ins Archaische die Wurzeln der Moderne reichen.

Am kühnsten und zukunftsweisendsten ist die Geschichte der Mentalitäten dort, wo sie Gesellschaften im Umbau in den Blick nimmt und damit sowohl den langsamen Wandel der Mentalitäten als auch die jähen Mentalitätswechsel zu erklären versucht. In der Verknüpfung von Ereignis- und Strukturgeschichte wird sie dann, in den Worten von Jacques Le Goff, zur Wissenschaft von den entscheidenden Transformationen.

Gegen diese Transformationen aber stemmt sich, wenn Selbstverständlichkeiten unserer kulturellen Orientierung auf dem Spiel stehen, nicht nur die Politik, sondern auch die Wissenschaft. Im folgenden gebe ich dafür ein Beispiel.

Es betrifft die Pluralisierung des Islam. Nach dem Ende des kalten Krieges ist der Islam, der mehr und mehr das kommunistische Feindbild ersetzen muß, zum noch schärferen Gegenbild des Westens geworden. Auf die Frage: »What is the best simple map of the post-cold war world?« hat Samuel Huntington mit dem Szenario der das 21. Jahrhundert bedrohenden Kulturkriege geantwortet, das man weniger ernst nehmen müßte, wenn es nicht – ähnlich wie Francis Fukuyamas vorschneller Abschied von der Geschichte – ebenfalls zu einem neuen Leitartikel des amerikanischen State Department geworden wäre. In diesem Szenario spielt der Islam eine Schlüsselrolle.

Das Schreckbild vom ›clash of civilizations‹ aber beruht auf einer Ideologie des Singulars. In einem Buch mit dem in doppelter Hinsicht herausfordernden Titel *Islams and Modernities* hat Aziz Al-Azmeh auf das Kennzeichen kompakter Andersheit verwiesen, mit dem der Westen zur Steigerung seiner Selbstidentifikation den Islam traditionellerweise versieht.[8] Versuche zur Entexotisierung und zur Historisierung, kurz gesagt zur Pluralisierung des Islam, stoßen daher auf er-

8 Aziz Al-Azmeh, *Islams and Modernities*, London (Verso) 1993. Natürlich ist der ›klassische‹ Bezugspunkt solcher Überlegungen Edward W. Saids *Orientalism*.

heblichen Widerstand – nicht nur in der Politik. Selbst in Frankreich werden die historischen Islamstudien dabei zunehmend in einen philologischen Kontext gespannt und damit in ihren kulturellen Wirkungsmöglichkeiten neutralisiert: in Aix-en-Provence darf ein Spezialist des mittelalterlichen Ägypten in der Geschichtsfakultät nur lateinische Sprachkurse geben und muß sein eigenes Fach in der Fakultät für arabische Sprachen lehren; in Paris wird die Chaire d'Histoire de l'Orient musulman nach dem Ausscheiden des Lehrstuhlinhabers in einen Lehrstuhl für die Erforschung des abendländischen Mittelalters umgewandelt.[9]

Man muß solche konkreten Beispiele nennen, um sich vor Augen zu führen, wie tief der Ethnozentrismus immer noch die kulturellen Selbstverständlichkeiten des weltoffenen Westens prägt. Von Eurozentrismus zu sprechen würde in diesem Zusammenhang in die Irre führen, denn es ist nur ein Teil Europas, seiner Geschichte und Geographie, der hier blickverengend wirkt: wir vergessen darüber die islamische Prägung von Mittelalter und Mittelmeer.

Marc Bloch hatte die Pluralisierung der großen Denksysteme und Leitideen zur zentralen Aufgabe der Geschichte der Mentalitäten erklärt. Hierin lag die wissenschaftspolitische Sprengkraft seines Komparatismus. Aber während diese Pluralisierung im Binnen-

---

9 Ich entnehme die letztgenannten Beispiele einer Vorlage, die der an der Sorbonne lehrende Islamwissenschaftler Mohammed Arkoun für die Europäische Union erarbeitet hat: »Contribution de la civilisation islamique à la culture européenne«, Paris 1991. Manuskript.

kontext der europäischen Geschichte allmählich zu einer Selbstverständlichkeit wurde und wir, auch wenn wir den Singular weiter benutzen, daneben heute von *den* Feudalismen und *den* Reformationen sprechen können, scheuen wir im außereuropäischen Kontext vor einer solchen Pluralisierung zurück. Im Deutschen kommt uns dabei in unserem Zögern noch die Sprache zu Hilfe: Wie heißt der Plural von Islam?

Es wird Zeit, zu erkennen, wie sehr im Kontakt der Kulturen das Festhalten am Singular nicht nur zu historischen Verzerrungen führt, sondern auch eine politische Diskriminierung darstellt. Hier die entsprechenden Korrekturen vorzunehmen ist nicht nur eine Aufgabe der Politik. Dringend notwendig bleibt die Entprovinzialisierung der Geschichtswissenschaft.[10] Es geht nicht darum, uns für kommende Kulturkriege zu wappnen. Es geht darum, unsere Fähigkeit zur Übersetzung fremder Kulturen zu stärken. Hier wird dem Zusammenspiel von Ethnologie und Geschichtswissenschaft auch in der Zukunft eine Schlüsselrolle zukommen.

## 2. Korrektur des Kulturalismus: Die Rehabilitierung der Soziologie

Auch wenn die Annäherung zwischen Geschichte und Ethnologie von Spannungen nicht frei bleibt, so wirkt

10 Vgl. Christian Meier, *Die Welt der Geschichte und die Provinz des Historikers*, Berlin (Wagenbach) 1989.

sich die neue, nicht immer von Herzlichkeit geprägte Entente doch für die Soziologie besonders nachteilig aus. Im Zusammenspiel von Ethnologie und Geschichte erscheint die Soziologie lange Zeit als ausgeschlossener Dritter, als lästiger Konkurrent, den man endlich losgeworden ist. Diese Ausschließung ist dort um so erfolgreicher, wo Ethnologie und Geschichte nicht in Opposition zur Soziologie verharren, sondern jeweils behaupten, die bessere Sozialwissenschaft zu sein. Karl Poppers Prognose, die ›social anthropology‹ sei dabei, zur bevorzugten Deutungswissenschaft der Industriegesellschaft zu werden, habe ich bereits genannt; noch bedrohlicher für die Soziologie war Fernand Braudels Anspruch, das Theorieprogramm Émile Durkheims lebe in der VIième Section der École des Hautes Études fort und legitime Nachfolgerin der *Année Sociologique* seien nicht irgendwelche soziologischen Zeitschriften und Publikationen, sondern die *Annales*.

Diese Situation hat sich in der Zwischenzeit verändert: das Zusammenspiel von Ethnologie und Geschichte hat zu einer Rehabilitierung der Soziologie geführt. Viel stärker als die Soziologie sind Ethnologie und Geschichtswissenschaft Hilfsmittel des europäischen Imperialismus und Kolonialismus gewesen: die Soziologie wurde durch ihren Hang zur verallgemeinernden Systembildung vor mancher Komplizenschaft bewahrt. Die Modernisierungstheorie ist dafür ein gutes Beispiel: wenn man sie positiv lesen will, kann man sie als eine ›demokratische‹ Theorie deuten, die Bedingungen formuliert, unter denen sich die einzelnen Kulturen einander angleichen können. In diesem Sinne war die Modernisierungstheorie eine Art Bildungstheorie im Makrobereich: sie definierte die Aufstiegschancen ganzer Gesellschaften.

Mit dem Ende der europäischen Kolonialherrschaft begann auch in den Wissenschaften eine Epoche des schlechten Gewissens und führte zu entsprechenden Überkompensationen. Wurden früher einzelne Kulturen aus politischem Machtwillen und kognitiver Überheblichkeit unverrückbar auf ihre Besonderheiten festgelegt, so geschah dies nunmehr aus berechnender Bescheidenheit. Die Rhetorik der Anerkennung hatte dabei die gleichen Folgen wie früher die Rhetorik der Ausgrenzung: das Fremde wurde als prinzipiell Fremdes definiert. Eine erneute Überreaktion, diesmal bei den Betroffenen, war die Folge, und im Bemühen, ihre Anschlußfähigkeit an die Moderne zu demonstrieren, verfielen nicht-westliche Theorieproduzenten in ein Pathos, das sie in den Augen ihrer modernekritischen Kollegen im Westen als Agenten der Aufklärung und als ›the last playboys of the Western World‹ erscheinen ließ.

Nun schlägt erneut die Stunde der Soziologie, denn soziologische Analysen, die ihren Verallgemeinerungsanspruch noch nicht aufgegeben haben, dienen als willkommenes Mittel zur Korrektur des ›Kulturalismus‹.[11]

11 Vgl. dazu das Heft 2/94 des *Berliner Journals für Soziologie*, das den Schwerpunkt »Kultur und Gesellschaft« hat. Deutlich wird in dessen Beiträgen die gelegentlich an Panik grenzende Angst der Soziologen, in ihren

Zu welch interessanten Überkreuzungen dies führen kann, zeigt nicht zuletzt die Beschäftigung mit fundamentalistischen Strömungen. Westliche Wissenschaftler, die sich von nichts und niemandem ihre Empathie nehmen lassen, betonen den religiösen Ursprung wie die sakralen Zielsetzungen des Fundamentalismus, während ›orientalische‹ Gelehrte ebenso selbstverständlich die sozialen Ursachen des Fundamentalismus hervorheben und seine politisch-profanen Zielsetzungen unterstreichen.

Es ließen sich noch andere, in ihrer Struktur ähnliche Fächerkonstellationen nennen, die – in Abkehr von der Soziologie entstanden –, zu Entwicklungen führten, aus denen nun die Soziologie Nutzen zieht. Ich habe den Eindruck, als ob dabei eine ›Soziologie der Nüchternheit‹ gegenüber einer ›Soziologie des Überschwangs‹ wieder stärker zur Geltung kommt. Dies zeigt sich etwa in den ›Cultural Studies‹, die im Disziplinenkontakt von Ethnologie und Literaturwissenschaft entstanden sind oder präziser, da es sich um eine britische Spezialität handelt, im Kontakt von Sozialanthropologie und ›English Studies‹. Die Cultural Studies zeichnen sich nicht zuletzt durch einen normativen Anspruch aus, für den ihre Gründungsväter ebenso verantwortlich sind wie das sozialismusfreund-

eigenen ›Kulturalismus‹, den der letzten Jahrhundertwende und der 20er Jahre, zurückzufallen. In der wachsenden Distanzierung vom Kulturalismus wirkt die Soziologie nicht nur als Korrekturanstalt gegenüber Ethnologie und Geschichte: es ist dies zugleich eine Absetzbewegung, die aus dem Zentrum des Faches kommt. Die Re-Soziologisierung der Gesellschaftsanalyse ist auch ein Programm der Soziologie.

liche Umfeld, in dem sie entstanden. Diese Normativität ist freilich in vielen Fällen nur schwach begründet und gerät in gefährliche Nähe zur klappernden Rhetorik: wenn ein heutiger Autor beansprucht, mit seinen Untersuchungen dem Leser zu helfen, »to lead the good life«, kann man diesen Anspruch nur noch als Zitat, als ironische Reminiszenz an Matthew Arnold oder F. R. Leavis, ernst nehmen. Entscheidend für mein Thema ist: gleichsam zur Ausnüchterung wird solchen emphatischen, weniger guten als gutgemeinten ›Cultural Studies‹ heute eine stärkere Einbeziehung der Soziologie empfohlen. Bei der weiten Verbreitung und der großen Bedeutung der ›Cultural Studies‹, die in England zum selbstverständlichen Bestandteil vieler Curricula und Prüfungsordnungen geworden sind, ist dies kein beiläufiger Korrekturvorschlag.[12]

12 Vgl. dazu die beißende, aber nicht unfaire Kritik von Fred Inglis' *Cultural Studies* durch Stefan Collini, »Escape from DWEMsville. Is culture too important to be left to cultural studies?«, in: *The Times Literary Supplement*, 27. Mai 1994, S. 3/4. Für eine ähnliche Re-Soziologisierung spricht sich Adam Kuper aus: »The similarities and differences between human beings cannot be reduced to the hardware of biology, or the software of culture, or even both together, to the exclusion of history and sociology.« Adam Kuper, »Adaptable man« [Rezension von Michael Carrithers' *Why Humans Have Cultures. Explaining anthropology and social diversity*], in: *The Times Literary Supplement*, 16. Juli 1993, S. 6.

## 3. Kompetente Rebellen
## und bescheidene Außenseiter:
## Wie reformiert man die Ökonomie?

Die in den westlichen Industriegesellschaften stetig wachsende strukturelle Arbeitslosigkeit und die
Schwierigkeiten beim Übergang von den Kommandowirtschaften der kommunistischen Regime zu den
Marktwirtschaften ›nach dem Ende der Geschichte‹
zeigen, daß die Berücksichtigung nicht-ökonomischer
Faktoren für das Verständnis der Wirtschaft zunehmend wichtiger wird. Die Wirtschaftswissenschaft
freilich scheint zu einer systematischen und nicht-
reduktiven Einpassung solcher Faktoren – die nicht
zuletzt Faktoren der wirtschaftlichen Mentalität sind –
in ihre anerkannten Theoriegebäude (noch) nicht in der
Lage oder jedenfalls nicht willens zu sein. Angesichts
der unglaublichen Herausforderungen, denen sich die
westlichen Gesellschaften und die Gesellschaftswis-
senschaften nach 1989 gegenübersahen, hat von allen
Fächern – und gemessen am eigenen Anspruch – die
Ökonomie am deutlichsten versagt.[13]

Der entscheidende Grund dafür ist die Stärke des
Faches, eine disziplinäre Überheblichkeit, für die es

---

13 Hier liegen Parallelen zum Scheitern der Entwicklungspolitik vor. Der Un-
terschied besteht darin, daß sich das Scheitern der Entwicklungspolitik in
den Metropolen des Westens leichter verdrängen ließ; die Transformation
der mittel- und osteuropäischen Kommandowirtschaften dagegen vollzieht
sich in unserer unmittelbaren Nachbarschaft. Daher wird jetzt eine entsprechende Lernbereitschaft und Selbsttransformation der Ökonomie viel
wahrscheinlicher.

gute Gründe gibt. Intern hat die Ökonomie hervorragend funktionierende Reputationsmechanismen ausgebildet, die Anpassung oder Scheinrevolten hoch belohnen und Abweichungen empfindlich sanktionieren. Extern, nicht zuletzt in der Politik, genießt das Fach eine unverbrüchlich hohe Wertschätzung, und die Tatsache, daß in der Ökonomie – von Verdiensten um den Frieden und die Literatur abgesehen – der einzige Nobelpreis außerhalb der Naturwissenschaften verliehen wird, verstärkt die innere Kohärenz der Zunft noch und steigert die Anerkennung, die die Disziplin innerhalb und außerhalb des Wissenschaftssystems erfährt.

Die Ökonomie ist vermutlich das kulturfernste aller sozialwissenschaftlichen Fächer, wenn wir unter ›Kultur‹ ein Sinnsystem verstehen, das Menschen gemeinsam und auch gegeneinander produzieren. Die Produktion von Sinn aber ist für die Ökonomie, die doch auch eine Wissenschaft von der Produktion ist, kein Thema. Zum Verständnis des *homo oeconomicus,* dieser Kopfgeburt, wird ein Wissen verwendet, das der Tendenz nach naturwissenschaftliches Wissen ist, d. h. im Prinzip sowohl kontextunabhängig generiert als auch kontextunabhängig genutzt werden kann. Die bevorzugte Sprache dieser Wissenschaft, die sich für ›science‹ hält oder jedenfalls ›science‹ werden möchte, ist die Mathematik.

In seiner ›Presidential Address‹ vor der American Economic Association aus dem Jahre 1990 datierte Gerard Debreu den Beginn der Mathematisierung in der Ökonomie mit leichter Überpräzision auf 1944 – das

Jahr, in dem John von Neumanns und Oskar Morgensterns *Theory of Games and Economic Behavior* erschien. Debreu führte eindrucksvolle Statistiken an: im Jahre 1940 fanden sich in weniger als 3 % der Artikel in der *Economic Review* Rückgriffe auf die elementare Mathematik; 50 Jahre später ließen sich fast 40 % der Artikel in der gleichen Zeitschrift ohne Kenntnisse fortgeschrittener Mathematik nicht mehr verstehen.[14] Als 1991 das *Economic Journal* seinen hundertsten Geburtstag feierte, verglich Milton Friedman die ersten und die letzten Ausgaben der Zeitschrift miteinander. Die Gegenstandsbereiche, mit denen sich die Autoren beschäftigten, waren einander außerordentlich ähnlich. Selbst die Schlußfolgerungen unterschieden sich über die Zeitspanne von 100 Jahren nicht sehr voneinander. Was sich drastisch geändert hatte, war die ›Sprache‹. Die ersten Artikel waren in Englisch geschrieben, sie waren reich an empirischen Daten, die mit Hilfe von Tabellen und Graphiken veranschaulicht wurden. 1990 waren die vorherrschenden ›Sprachen‹ Mathematik und Statistik, während Englisch nur noch eine geringe Rolle spielte. Friedman fühlte sich aufgrund dieses Sprachenvergleichs an eine Bemerkung von George Stigler erinnert: »The science [of economics] will become completely mathematical by 2002-3 when [...] the editors [of *The Economic Journal*] will be unable to read a non-mathematical article.«[15] Vom klassischen

14 Gerard Debreu, »The Mathematization of Economic Theory«, in: *The American Economic Review* LXXXI (1991):1, S. 1.
15 George F. Stigler, *Essays in the History of Economics*, Chicago (University

Analphabetismus sind die Ökonomen also noch nicht einmal ein Jahrzehnt entfernt – und sie haben vor, diesen Augenblick als einen Freudentag zu feiern.

In dem von mir Gesagten steckt kein antimathematischer Affekt. Das Streben nach größtmöglicher Genauigkeit ist in jedem Fach notwendig, und wenn die Verfahrensweisen und die Ergebnisse eines Faches so präzise sind, daß sie sich mathematisch darstellen lassen, ist dies ein Grund zu intellektueller Befriedigung und rechtfertigt kein Ressentiment. Auch gibt es genügend Bereiche der Wirtschaftswissenschaften, deren mathematische Durcharbeitung, wie in der Ökonometrie, fachextern nachvollziehbar und über das engere Fach hinaus von Nutzen ist. Mehr und mehr wird aber selbst Ökonomen fraglich, ob nicht in vielen Bereichen ihrer Disziplin seit langem die Verwendung der Mathematik zum Selbstzweck, das Erlernen der Formelsprache zum Bestandteil eines ›rite de passage‹ und das Stre-

Press of Chicago) 1965. Ich entnehme dieses Zitat sowie den Hinweis auf Milton Friedmans Artikel »Old wines in new bottles«, in: *The Economic Journal* CI (1991) 404, S. 33-40, einem ›State-of-the-Art‹-Bericht, den Ashok Desai 1995 unter dem Titel »The Present State of Economics. A Summary Judgement« dem Wissenschaftlichen Beirat des Wissenschaftskollegs zu Berlin vorgelegt hat. Ein anderer Erklärungsversuch für die ›Entliterarisierung‹ der Ökonomie bezieht sich auf die veränderte Zusammensetzung der Doktorandenkohorten des Faches in den USA: 1977 waren noch zwei Drittel der Doktoranden amerikanische Staatsbürger, 1989 noch nicht einmal mehr die Hälfte. Mir erscheint jedoch die Tatsache, daß immer weniger Studenten als Muttersprache Englisch angeben, keine plausible Erklärung für eine zunehmende Formalisierung der Fachsprache zu sein. Vgl. W. Lee Hansen, »The Education and Training of Economics Doctorates: Major Findings of the Executive Secretary of the American Economic Association's Commission on Graduate Education in Economics«, in: *Journal of Economic Literature* XXIX (1991): 3, S. 1057-1058.

ben nach Überpräzision zu einem Mittel der disziplinären Abschottung nach außen geworden sind.[16]

Auf einen ›rite de passage‹ habe ich auch angespielt,
weil der ausgeprägte Stammescharakter der ökonomischen Zunft offenkundig ist – und es sind die Mitglieder
dieses ›econ tribe‹ selbst, die davon sprechen, in ihrem
Fach würden in der Regel ›five cent thoughts‹ hinter
›five dollar words‹ versteckt[17], die die Orthodoxie der
Neoklassik als ökonomischen Fundamentalismus ver-
spotten[18], die Überzeugungen der Neo-Keynesianer
mit den Glaubenssätzen der Christian Science vergleichen und von der Ökonomie als einer Wissenschaft
sprechen, die nicht denkt.[19] Man mag solche Bemer-

16 In den Briefen von Edgar Degas findet sich eine Episode, aus deren ironi-
scher Beschreibung die Ökonomen lernen könnten, wie weit die Kultur in
die Mathematik und der Stil in die Zahlenwelt hineinreichen: »Il feuilletait
un volume d'algèbre de Lermite et regardait les pages couvertes de chiffres.
›On reconnaît tout de suite une page de Lermite‹, dit-il.« Edgar Degas,
*Lettres*, Paris (Grasset) 1931, S. 271. Verstärkt wird der Verdacht, der eingespielte Rückgriff der Ökonomen auf die Mathematik habe auch taktische
und strategische Gründe, nicht zuletzt durch eine geschickte Verwendung
der *ceteris-paribus*-Klausel, die sich vorzüglich eignet, um eine falsche Aus-
sage zum akzeptablen Bestandteil einer umfassenderen und offenkundig
korrekten Behauptung zu machen, was oft wie Hexerei wirkt und das *cete-
ris paribus* wie *Hokuspokus* klingen läßt.
17 Diese sarkastische Bemerkung entnehme ich der Rezension, die Brian Snow-
don unter dem Titel »Yummie surplus« dem neuen *Journal of Economic Methodology* gewidmet hat (*The Times Higher Education Supplement*, 24. Februar 1995, S. 23). Mir ist die »rhetorische Wende« in der Ökonomie nahe,
weil ich mich gut an ein akademisches Jahr mit Donald (jetzt Deirdre)
McCloskey am Institute for Advanced Study in Princeton erinnere, wo er,
zusätzlich motiviert durch die Gegenwart von Clifford Geertz und Albert
O. Hirschman, zum Sprachrohr und Propagator dieser Wende wurde.
18 Den Hinweis auf fundamentalistische Einstellungen habe ich in diesem Zusammenhang zum ersten Mal von Amit Bhaduri gehört.
19 »Aujourd'hui, l'économie est une science qui ne pense pas.« Interview mit
François Rachline in *Le Monde*, 22. November 1994.

kungen als Scherze abtun – aber es sind auch Anzeichen der Selbstironie, deren nur Disziplinen fähig sind, die in sich gefestigt sind.

Auf ein Veränderungspotential aber, das in der Ökonomie selbst heranwächst, darf man schließen, wenn anerkannte Institutionen beginnen, sich mit möglichen Schwerpunktverlagerungen und Identitätsverschiebungen des Faches zu beschäftigen. Hierzu zähle ich die Gründung einer Zeitschrift wie des *Journal of Economic Methodology*, Programme der Mac-Arthur-Stiftung zur Zukunft der Ökonomie[20] und, womöglich am folgenreichsten, die selbstkritische, halböffentlich gestellte Frage des schwedischen Nobelpreis-Komitees, ob die bisherige Vergabepolitik des Preises geändert oder der Nobelpreis für Ökonomie auf die gesamten Sozialwissenschaften ausgedehnt werden sollte. Darüber hinaus zählt zu den Indikatoren für einen Wandel kognitiver Vorlieben und Stile in der Ökonomie die Verpflanzung nationalspezifischer Theorietraditionen in einen fremden Forschungskontext. So bleibt die Beschäftigung mit der Historischen Schule der Nationalökonomie für sich genommen trivial; wenn aber daraus ausgerechnet in Cambridge – am Centre for History and Economics von King's College, also Keynes' College – ein Forschungsschwerpunkt wird, an dem sich neben den Wirtschaftshistorikern

---

20 Das entsprechende Positionspapier stammt von Kenneth Arrow, Samuel Bowles und Amartya Sen, »Economic Reasoning and Social Objectives« (23. Dezember 1993).

auch Ökonomen beteiligen, wird deutlich, daß sich hier ein ›Wandel auf Umwegen‹ vorbereitet.[21]

Jüngst hat *Daedalus*, das offizielle Organ der American Academy of Arts and Sciences, den Wandel von vier Disziplinen im amerikanischen Universitätssystem über die letzten fünfzig Jahre untersucht. Dazu zählte neben Philosophie, Literaturwissenschaft und Politologie auch die Ökonomie.[22] Die drei Autoren, die sich zur Entwicklung und Lage der Ökonomie äußerten, waren Robert M. Solow, David M. Kreps und William J. Barber – also ein (emeritierter) ›Makroökonom‹ vom MIT, ein mathematisch ausgebildeter ›Mikroökonom‹ an der Graduate School of Business in Stanford und ein (emeritierter) akademischer Lehrer an einem erstrangigen Liberal Arts College (Wesleyan).

Robert M. Solow spielt die Bedeutung von Mathematik und Formalismus in der Ökonomie herunter und sieht in deren Überbetonung durch Außenseiter in erster Linie ein Wahrnehmungsproblem: »It is not surprising, therefore, that outsiders think that there is a lot of formalism in economics, just as half a cup of blood spread around a bathroom can make it look like a scene

21 Ob die Wirtschaftsgeschichte und die Disziplingeschichte der Ökonomie diesen ›Wandel auf Umwegen‹ zu einer Veränderung des ›mainstream‹ werden nutzen können, bleibt abzuwarten. Vgl. Terence Hutchinson, *The Uses and Abuses of Economics. Contentious Essays on History and Method*, London (Routledge) 1994. Daß die Wirtschaftsgeschichte von einer etwas obskuren und separaten Subdisziplin zu einem integralen Bestandteil der Ökonomie geworden ist, behauptet Christina D. Romer, »The End of Economic History?«, in: *The Journal of Economic Education* 25 (1994): 1, S. 49-66.

22 Stephen R. Graubard (Ed.), »American Academic Culture in Transformation: Fifty Years, Four Disciplines«, *Daedalus* 126 (Winter 1997): 1.

from *Psycho*. Nevertheless, it is an illusion. Modern mainstream economics is not all that formal.«[23] Tatsächlich steht im Zentrum der Ökonomie seit den vierziger und fünfziger Jahren die Modellbildung. Damit wurde das Fach von einer colloquialen (›clubbable‹) zu einer technischen oder handwerklichen, d. h. ihrer Instrumente sicheren Disziplin. Notwendig wurde diese ›Technisierung‹ des Faches durch die enorme Ausweitung seiner Datenbasis – begünstigt wurde sie durch die ›Explosion‹ der Ökonometrie. Die Modellbildung nimmt dabei zwischen der diskursiven Ökonomie aus der Zeit vor dem Zweiten Weltkrieg und dem harten Formalismus eine mittlere Position ein. Dieses Paradigma hat seine Schwächen, aber ein besseres gibt es nun einmal nicht: »It sure beats the alternatives.«[24] Von diesem Standpunkt selbstbewußter Bescheidenheit aus beurteilt Solow auch die Disziplinenkontakte zwischen der Ökonomie und anderen Fächern. Historische Ansätze sind akzeptabel, weil auch die Ökonomie eigentlich nichts anderes ist als eine ›Buchhaltung des Vergangenen‹ und im übrigen Wirtschaftshistoriker sich in den letzten Jahren eher der Ökonomie angenähert haben als Ökonomen der Geschichte; die Sozialwissenschaften dagegen sind im Grunde genommen keine ernsthaften Partner für die Ökonomie: es ist verständlich, daß sie ihre spezifischen Fragestellungen auf besonderen Gleisen verfolgen, doch müssen sie wissen,

23 Robert M. Solow, »How Did Economics Get That Way and What Way Did It Get?«, in: *Daedalus* 126 (Winter 1997): 1, S. 43.
24 A. a. O., S. 57.

daß man auf diese Weise die Grenzen zur Ökonomie mit ihrer besonderen Spurweite nicht überschreiten kann. Am aussichtsreichsten sind die Kontakte zur Biologie: hier bietet vor allem die evolutionäre Spieltheorie Chancen zu fruchtbarem Kontakt und kognitivem Fortschritt.

David M. Kreps, der als Mathematiker ausgebildet wurde und als Mikroökonom arbeitet, sieht, auch wenn sein eigener Sprachgebrauch außerordentlich vorsichtig ist, den Zustand des Faches kritischer. Bei ihm wird, deutlicher als bei Robert M. Solow, ein reflexives Gespür für die Mechanismen des Machterwerbs und der Reputationssicherung deutlich, die auf den kognitiven Gehalt von Forschungsprogrammen und Lehrinhalten einen nicht unwesentlichen Einfluß haben.[25] Mit einem Schuß erfrischender Selbstironie spricht Kreps von der Ökonomie als von einer Staatskirche, die ihren Kanon und ihre Kongregationen, ihre Hohenpriester und ihre Tempel, ihre Gläubigen und ihre Häretiker, ihre Gottesdienste und ihre Missionare hat.[26] Kreps zögert auch nicht – und hier liegt ein gewisser Widerspruch zu Solow –, von einer entschiedenen ›Mathematisierung‹ des Faches zu sprechen, und davon, daß diese Mathematisierung ihre externen, darum aber nicht weniger wirksamen Ursachen hat: »The use of a powerful and somewhat obscure tool

25 Die Bedeutung von Mechanismen des Reputationserwerbs und der Reputationssicherung als eine Ursache für die zunehmende Mathematisierung der Ökonomie sieht auch Debreu, a. a. O., S. 5.
26 David M. Kreps, »Economics – The Current Position«, in: *Daedalus* 126 (Winter 1997): 1, S. 60.

confers power on the user. As economists became convinced of the value of mathematical rigor, the reward system (based on peer review) reinforced this tendency.«[27] Zugleich bildeten Mathematik und formale Modelle eine einzige Sprache, die die vielfältigen Dialekte des ›Economese‹ ablöste und zur inneren Kohärenz des Faches entscheidend beitrug: jetzt konnten sich beispielsweise zum ersten Mal Studenten der Entwicklungsökonomik und Studenten der Finanzwissenschaft miteinander verständigen. Das Erlernen dieser (schwierigen) Sprache hatte seinen Preis: dazu gehörten ein Bedeutungsverlust historischen Denkens und ein nachlassendes Interesse an der Analyse ökonomischer Institutionen.

Ähnlich wie Robert M. Solow identifiziert Kreps drei Hauptprinzipien des ökonomischen Wissenskanons: Habgier (greed), Rationalität (rationality) und Gleichgewicht (equilibrium). Deutlicher als Solow aber sieht Kreps diese Prinzipien auf dem Prüfstand: insbesondere die Annahmen einer durchgängigen Rationalität wirtschaftlichen Handelns sind selbst zu Modellierungszwecken nicht mehr haltbar. Während ›bounded rationality‹ das Stichwort ist, welches die wachsenden Selbstzweifel des Faches an zentralen Grundannahmen des Kanons am deutlichsten widerspiegelt, zeigen sich auf der anderen Seite Modetrends ohne großen intellektuellen Wert: dazu gehört jeweils der ›context-of-the-year‹, dem viele Ökonomen fol-

27 A. a. O., S. 64.

gen, um nur allzu schnell zu merken, daß sie in eine Sackgasse geraten sind. Auch im Hinblick auf die Kooperation und den Kontakt mit anderen Disziplinen kommt Kreps zu einer in Ton und Prognose etwas anderen Ortsbestimmung als Solow: er stimmt mit ihm darin überein, daß das gemeinsame Interesse an Fragen der Evolutionstheorie die Zusammenarbeit mit den Biologen beflügeln und verstärken wird, aber er stellt auch fest, daß ein wachsendes Interesse an der sozialen Prägung von Erwartungen und Präferenzen den Kontakt zur Soziologie, ein gleichermaßen wachsendes Interesse an Problemen der Wahrnehmung und Kognition eine Verbindung zur Psychologie nahelegen. Kreps betont, wie sehr die Ökonomie ein Fach hoher interner Kohäsion ist, und zugleich sieht er bereits Revolutionäre am Werk, »seeking to weaken the canonical assumptions instead of increasing adherence to them. But notwithstanding the differences, as one of the new revolutionaries, I can hope that if the wars to come will not be friendly, neither will they be internecine«.[28]

Robert M. Solow rechnet die Behauptung, die Ökonomie sei zu einer formalen und abstrakten Disziplin geworden, die die Probleme der realen Welt vergesse, Beobachtern aus den anderen Sozialwissenschaften zu. Die Ökonomie aber sei keineswegs weltfremd, sondern auf die Generierung von Daten aus der Realität geradezu versessen, sie sei nicht formalistisch, sondern

28 A. a. O., S. 83.

›technisch‹, und im gleichen Maße, wie niemand die Benutzung einer so komplizierten Technik wie der Computertomographie als weltfremd bezeichnen würde, dürfe man dies auch im Hinblick auf die Techniken und Verfahren der Ökonomie nicht tun.[29] Solows höfliche, aber deutlich erkennbare Kritik an ›Außenseitern‹, die den Kern der Ökonomie nicht verstünden, muß ernst genommen werden. Umgekehrt bleibt erstaunlich, wie wenig er in diesem Zusammenhang auf Fragen der Ausbildung und der Sozialisation in der Ökonomie eingeht.

Auf diese Fragen der Ausbildung von Ökonomen konzentriert sich William J. Barber in seinem *Daedalus*-Beitrag und berichtet dabei von erstaunlichen Resultaten. 1987 veranstaltete die American Economic Association eine Umfrage unter Absolventen der sechs führenden Doktorandenprogramme in den USA. Ein zentrales Ergebnis der Umfrage war die Feststellung, daß die Absolventen der einzelnen Graduate Schools zwar hervorragende Fähigkeiten zum Problemlösen besaßen, diese Fähigkeiten jedoch in der Regel nur für formale Techniken der Modellierung, nicht aber zum Lösen ›realer‹ Probleme nutzen konnten. Mehr noch: die Studenten waren der Meinung, daß eine vertiefte Kenntnisnahme dieser ›wahren‹ Probleme sie bei der Anwendung ihrer üblichen Techniken eher hemmen würde, da deren vereinfachende Annahmen über die Wirklichkeit auf einmal viel schwerer von ihnen zu ak-

---

29 Solow, a. a. O., S. 57.

zeptieren waren. Zwei Eigenschaften galten als die wichtigsten Voraussetzungen für beruflichen Erfolg: »being smart in the sense of being good at problem-solving« und »excellence in mathematics«. Nicht weniger als 68 % der Befragten hielten eine Kenntnis der Wirtschaft in der Ökonomie für ›unwichtig‹.[30] Auf der anderen Seite wird als Grund für die wachsende Drop-out-Rate in ökonomischen Ph.D.-Programmen eine starke kognitive Dissonanz angegeben; Studenten, die sich für ›economics‹ interessieren, weil sie glauben, dort etwas über die drängenden Probleme der ›economy‹ und mögliche Lösungen zu erfahren, werden enttäuscht: in den ersten zwei Jahren ihrer Graduiertenausbildung wird ihnen dieser Realitätsbezug systematisch zugunsten des Erlernens komplizierter Modellierungstechniken ausgetrieben.[31] Aufgrund solcher und ähnlicher Ergebnisse faßte Robert Kuttner die Befürchtung von Autoren wie Wassily Leontief und John Kenneth Galbraith in den Worten zusammen, daß

---

30 David Colander/Arjo Klamer, »The Making of an Economist«, in: *Journal of Economic Perspectives* I (1987):2, S. 100, 108. Die Departments, deren Studenten befragt wurden, waren Chicago, Columbia, Harvard, MIT, Stanford und Yale. Durch meine Gegenüberstellung der Äußerungen von Kreps und Solow will ich keinesfalls den Eindruck erwecken, als ob letzterer Fragen der Ausbildung im Fach Ökonomie für unerheblich hielte. Solow kommentierte den hier zitierten Artikel von Colander und Klamer vielmehr mit den Worten: »To say that something is wrong with graduate education is to say that something is wrong with the economics profession« (a. a. O., S. 100).

31 William J. Barber, »Reconfigurations in American Academic Economics: A General Practitioner's Perspective«, in: *Daedalus* 126 (Winter 1997): 1, S. 97. Zitiert werden die Ergebnisse einer Studie von Hirschel Kasper u. a., »The Education of Economists: From Undergraduate to Graduate Study«, in: *Journal of Economic Literature* XXIX (1991):3, S. 1088-1109.

»graduate programs [in economics] may be turning out a generation with too many idiots savants, skilled in technique but innocent of real economic issues«. Dennoch konnte sich eine Kommission, die sich mit der Graduiertenausbildung von Ökonomen in den USA befaßte, nicht dazu entschließen, eine Abkehr vom Status quo der gegenwärtigen Ausbildung zu empfehlen. Statt dessen schloß die Kommission ihren Bericht mit der ausdrücklichen Versicherung, daß der Gebrauch von Mathematik und Modellierungstechniken in der Ökonomie keineswegs exzessiv sei.[32] Als Fazit dieser Debatte läßt sich eine deutliche Diskrepanz zwischen dem Selbstverständnis der Disziplin, wie es viele etablierte Ökonomen vertreten, und dem Erziehungsalltag des Faches feststellen. Die Sozialisation von Ökonomen läuft vielmehr in der Regel auf die Verengung und damit auch ›Entpolitisierung‹ eines bei den Studenten ursprünglich vorhandenen, breiten Interessenspektrums hinaus, auf den Erwerb eines professionellen Zynismus, der die ›Form‹ auf Kosten des Gehalts wahrt.[33] Die Ökonomie setzt dabei auf kleine, das etablierte Selbstverständnis des Faches nicht korrigierende Reformschritte; im Grunde genommen ist der Konsensus über die inhaltlichen und formalen Paradigmen des Faches immer noch – verglichen mit anderen

---

32 Anne O. Krueger u. a., »Report of the Commission on Graduate Education in Economics«, in: *Journal of Economic Literature* XXIX (1991):3, S. 1035-1053.

33 Colander und Klamer zitieren Jacob Viner: »Men are not narrow in their intellectual interests by nature; it takes special and rigorous training to accomplish that end« (a. a. O., S. 98).

sozialwissenschaftlichen Disziplinen – außerordentlich hoch.

Daß die selbstkritischen Fragen innerhalb des Faches nicht zuletzt bei der ›Sprache‹ der Ökonomie ansetzen, ist verständlich und, falls diesen Bemühungen eine Strategie zugrunde liegen sollte, außerordentlich klug. So bleibt die Debatte begrenzt und kontrollierbar, weil sich sinnvollerweise an ihr nur beteiligen kann, wer diese Sprache kompetent spricht. Im Laufe der Zeit, gleichsam nach der Aufweichung der Fronten, mögen dann andere, zuerst Nachbarn, dann auch Fremde und Außenseiter, hinzustoßen. So wie sich heute noch jeder Autor, wie neu auch sein Thema und wie neuartig seine Behandlungsweise auch sein mögen, irgendwann in den Kernbereich der ökonomischen Disziplin zurückschreiben muß, um von seinen Peers rezipiert zu werden, und dabei auf die Sprache der Mathematik keinesfalls verzichten kann[34], mag in Zukunft auf umgekehrtem Wege ein kompetenter Rebell, aus dem Kernbereich der Disziplin kommend, der Ökonomie neue Wege weisen, ohne auf bewährte Verfahren und gut bestätigte Theorien zu verzichten. Oder ist noch ein anderes Szenario denkbar? Sollte – so wie einst der Glaube an eine objektive Protokollsprache den logischen Empirismus fundierte oder so wie die linguistische Wende die anthropologische Wende in den Sozialwissenschaften zunächst vorbereitete und

34 Dies war mein Eindruck nach der Lektüre des vielgerühmten Buches von Partha Dasgupta, *An Inquiry into Well-Being and Destitution*, Oxford (Clarendon Press) 1995 [1993].

dann begleitend verstärkte[35] – vielleicht auch in der Ökonomie ihre ›kulturalistische‹ Neuorientierung durch eine rhetorische Wende vorbereitet werden?

Ich sehe vor allem zwei Wege, auf denen sich die Disziplin Ökonomie wandeln wird. Beide Male spielt der Sprachaspekt eine entscheidende Rolle. Der erste Weg ist der Weg von innen: der indische Wirtschaftswissenschaftler Ashok Desai hat die Meinung vertreten, daß ein tiefgreifender Wandel in der Ökonomie eher durch ›competent rebels‹ erfolgen wird als durch revolutionär gestimmte Außenseiter, deren Stunde erst naht, wenn das Ancien régime den Glauben an sich selbst verloren hat. Die Ökonomie aber hat ihr 1789 noch lange nicht vor sich und wird die Epoche der selbstmörderischen ›terreur‹ wohl nie erleben: für ein so selbstsicheres und erfolgreiches Fach ist die Vermutung Desais plausibel, daß wir eher Reformen von oben als Revolten von unten erwarten können. Es gibt in der Tat vielfältige Anzeichen für einen Wandel der Ökonomie aus ihrem Kern heraus. Macht und Institutionen, Geschichte, Geist und Geographie, Armuts- und Ungleichheitserfahrungen, Gerechtigkeit und Ungerechtigkeit, der

35 Obwohl ich die Politische Wissenschaft und auch die Politische Philosophie im Rahmen dieser kursorischen Übersicht nicht erwähnen kann – hier ist der Punkt, wo ich zumindest den Namen Quentin Skinners nennen muß. Er hat, ähnlich wie Reinhart Koselleck in Deutschland und viele Autoren der *Annales* in Frankreich, durch die Aufmerksamkeitsverlagerung auf sprachliche Kontexte und historisch-linguistische Begriffsrahmen den an Mentalitätsfragen interessierten Sozialwissenschaften originelle Instrumente geliefert und neue Koalitionsmöglichkeiten eröffnet. Vgl. den von James Tully herausgegebenen Band *Meaning and Context. Quentin Skinner and his Critics*, Oxford (Polity Press) 1988.

Wissenszuwachs und die Generationenverhältnisse spielen eine wichtige Rolle in dieser ›economics of ideas‹, die sich von der früheren ›economics of things‹ wesentlich unterscheidet.[36] Für den Außenseiter sind diese Zeichen des Wandels freilich nur schwer erkennbar, weil sie in der Regel im Vokabular der Insider abgefaßt sind. Die Agenten des Wandels eint keine politische oder weltanschauliche Überzeugung, sondern nur ihre Sprache, doch ist es keine Sprache der Rebellion, sondern ein Idiom, das den herrschenden Jargon eher noch verstärkt: dieses Idiom ist nämlich »kompromißlos mathematisch, hoch abstrakt, bemerkenswert präzise und eine Quelle tiefer Befriedigung für alle, die es sprechen«, wie es ein amerikanischer Beobachter formuliert hat (Marsh).

Der zweite Weg ist der Weg von außen: in vielen Fächern wächst das Bedürfnis nach einer ökonomischen Analyse nicht-ökonomischer Phänomene – von der Ästhetik über die Psychologie, die Geschichte und die

---

36 Ich beziehe mich hier auf einen Artikel von David Marsh, »At Last, A Can-Opener«, im *Boston Globe* vom 2. Januar 1994. Dort hat Marsh eine Reihe von Artikeln geschrieben, die dem Laien die spannenden Wandlungen, die sich gegenwärtig in der Makroökonomie vollziehen, verständlich machen. Ich bin Tom Hughes zu Dank verpflichtet, der mich auf diese Artikelserie aufmerksam gemacht hat. Während ich vorher unter Bezug auf die ursprünglich soziologiekritische Koalition von Ethnologie und Geschichte von einer Rehabilitierung der Soziologie gesprochen habe, muß ich an dieser Stelle das Wiedererstarken soziologischer Fragestellungen aus Sicht selbstkritischer Ökonomen erwähnen. Ronald Amann, der ›Chief Executive‹ des britischen Economic and Social Research Council, hat dabei von einer »rediscovery of society« gesprochen. Ronald Amann, »Human Behaviour. Economic and Social Sciences«, in: *The Times Higher Education Supplement*, 1. September 1995, S. 11.

Politikwissenschaft bis in die Geographie und die theoretische Biologie. Die entsprechenden Disziplinen – mit Ausnahme der Biologie, die sich mit ihrem Selbstbewußtsein hinter der Ökonomie nicht verstecken muß – werden in einen fruchtbaren Austausch mit der Ökonomie freilich nur dann treten, wenn sie sich dem Fach nicht als Kritiker, sondern als bescheidene Außenseiter nähern. Während die kompetenten Rebellen, aus dem Zentrum des Faches kommend, ihre Kritik nur in der etablierten Fachsprache äußern können, deren Rigorosität und Hermetik sie womöglich noch steigern, kann nur die Bescheidenheit der Außenseiter zur wohlwollenden, d. h. produktiven Herablassung der Ökonomen und zu einem Aufbrechen – nicht einer Aufgabe – der Formelsprache führen, die ihren internen Fachdiskurs oft stärker bestimmt, als es von der Sache her notwendig wäre.

Die internen wie die extern beeinflußten Wandlungsprozesse mögen dann eine Ökonomie hervorbringen, die präzise bleibt und zugleich außerhalb des Faches besser verstanden werden kann und damit höhere Anschlußchancen an die anderen Sozialwissenschaften besitzt. In dieser Perspektive erscheint mir das Werk Amartya Sens wie eine vorweggenommene Utopie.[37] Im besonderen Maße gilt dies für ein Buch wie *Poverty and Famines* (1981), weil dessen Schlußfolgerungen von so eminent praktisch-politischer Bedeu-

---

37 Vgl. dazu auch Amartya Sens *Inequality Reexamined*, New York (Russell Sage Foundation)/Oxford (Clarendon Press) 1992.

tung sind. Man kann die Wirkung einer ökonomischen Analyse gar nicht hoch genug einschätzen, die Hungerkatastrophen gleichsam entnaturalisiert, ihre sozialen und politischen Ursachen schonungslos offenlegt und damit menschlichen Eingriffsmöglichkeiten eine neue und wirksame Chance gibt: *voir pour savoir, savoir pour prévoir, prévoir pour prévenir* …

# Die Sozialwissenschaften
## als Möglichkeitswissenschaften

Es ist riskant, Aussagen über die Zukunft der Sozialwissenschaften zu machen. Prognosen setzen sich dem harten Test der Wirklichkeit aus: wir wissen, daß ihre Bekräftigung wenig zählt, ihre Widerlegung dagegen endgültig ist. Statt mich dem Risiko der Widerlegung auszusetzen, mische ich daher ungeniert Wünsche in meine Voraussagen: jetzt kann mich, wenn alles schiefgeht, die Zukunft nur noch enttäuschen.

Die Zeit der Großtheorien ist vorbei: wer in den Sozialwissenschaften heute noch vom ›clash of theories‹ redet, ist genauso altmodisch wie der, der den ›clash of civilizations‹ beschwört. So wie Segmente einzelner Kulturen sich stets überlappen und damit beide Spielarten des Relativismus, den abweisenden wie den wohlwollenden, überflüssig machen, wird durch die alltägliche Mischung der Genres die Konfrontation scharf voneinander absetzbarer Disziplinen und Theorieprogramme schwer, wenn nicht unmöglich.[38] Die strenge Beschwörung disziplinärer Identitäten mag noch einen Nutzen für die Verteilung knapper Ressourcen haben und altmodische akademische Hahnen-

---

38 Ich entnehme diese Bemerkung einem Essay Ernest Gellners, der eine eindrucksvolle Abrechnung mit dem Kulturrelativismus und seinen aktuellen Gefahren darstellt. Ernest Gellner, »Anything goes. The carnival of cheap relativism which threatens to swamp the coming fin de millénaire«, in: *The Times Literary Supplement*, 16. Juni 1995, S. 6-8.

kämpfe befeuern – geistespolitische Anregungen lassen sich auf diese Weise nicht mehr gewinnen.

In dem Maße, in dem die Konturen seines Werkes verschwimmen und seine fachspezifischen Zurechenbarkeiten sich vervielfachen, gewinnt dabei in den Sozialwissenschaften der Autor als einheitsstiftende Instanz wieder an Bedeutung. Man mag darin eine Wiederannäherung an die Literatur sehen, denn so wie Balzac – und nicht ein literaturwissenschaftliches Etikett – die Einheit der *Comédie Humaine* verkörpert, verkörpern sich zukunftsweisende sozialwissenschaftliche Theorien in ihren Autoren und sind auf einzelne Lehrsätze nicht mehr reduzierbar. Man kann beispielsweise – mit den ›pattern variables‹ beginnend – den Parsonsschen Funktionalismus wiedergeben, ohne den Namen Talcott Parsons' auch nur zu erwähnen. Robert K. Mertons Werk dagegen kann man schwerlich beschreiben, ohne von Merton selbst zu sprechen – und deshalb ist Merton ›moderner‹. Es vollzieht sich gegenwärtig eine Bedeutungsverschiebung, vielleicht ist es auch eine Rückwärtsbewegung, vom impliziten zum expliziten Autor, was unter anderem zur Folge hat, daß die besten ›Lehrbücher‹ – also die Bücher, aus denen man etwas lernen kann – Autobiographien oder autobiographienahe Texte sind.[39] Jedenfalls gilt dies in den anthropologischen Sozialwissenschaften. Ich nenne nur wenige Beispiele: Claude Lévi-Strauss' *Tristes Tro-*

---

39 Vgl. dazu Clifford Geertz, *Works and Lives. The Anthropologist as Author*, Stanford (Stanford University Press) 1988.

*piques*, Clifford Geertz' *After the Fact* – mit dem bezeichnenden Untertitel ›Two Countries, Four Decades, One Anthropologist‹ – und Albert O. Hirschmans *A Propensity to Self-Subversion*. Geistesgeschichtlich mag man das Genre bis zu Descartes' *Discours de la méthode* zurückverfolgen: es handelt sich stets um ›cogitationes privatae‹.[40]

Während aber bei Descartes die Suche nach unverbrüchlicher Gewißheit erst zur Formulierung einer provisorischen Moral und dann zur Entmoralisierung der Wissenschaften führte[41], begnügt man sich jetzt mit dem Auffinden provisorischer Gewißheiten und wird dadurch wieder fähig zur Artikulierung moralischer Interessen.[42] Wir brauchen die Werturteilsdebatte nicht zu wiederholen, und Max Weber ist von allen gelesen – aber das hat nicht verhindert, daß in den modernen Sozialwissenschaften die engagierten Temperamente wieder an Bedeutung gewinnen. Nicht der von Weber zu Recht so gehaßte Predigerton und ein aufdringliches Bekennertum herrschen, sondern eine Haltung gewinnt an Gewicht, für die mir kein passenderer Aus-

---

40 Vgl. den Abschnitt ›Cartesian travels‹ in meinem Aufsatz »»Interesting questions‹ in the history of philosophy and elsewhere«, in: Richard Rorty/ J. B. Schneewind/Quentin Skinner, *Philosophy in History. Essays on the historiography of philosophy*, Cambridge (Cambridge University Press) 1984, S. 146-147.

41 Vgl. Wolf Lepenies, »Historisierung der Natur und Entmoralisierung der Wissenschaften seit dem 18. Jahrhundert«, in: ders., *Gefährliche Wahlverwandtschaften. Essays zur Wissenschaftsgeschichte*, Stuttgart (Reclam) 1989, S. 7-38.

42 Vgl. hierzu das genannte Positionspapier von Arrow, Bowles und Sen, in dem zu den »promising new departures« der Ökonomie »a revival of economists' interest in moral philosophy« gerechnet wird (a. a. O., S. 8).

druck einfällt als ›moral awareness‹, eine Art moralischer Aufmerksamkeit, die sich vor Fanatismen durch eingebaute Selbstironie hütet. Wenn die modernen Sozialwissenschaften Rat bieten, so liegt dieser, so Clifford Geertz, zwischen Weisheit und Expertise.

Die sozialwissenschaftlichen Theorien, von denen hier die Rede ist, sind Theorien mit ausgeprägter Bodenhaftung: die empirische Sozialforschung oder die anthropologische Feldarbeit davon zu trennen macht keinen Sinn mehr. Gerade weil hier auch Erlebniszusammenhänge die Erkenntnisgegenstände konstituieren, werden die Karten offengelegt: in der Regel erlebt der Leser die Bildungsgeschichte einer Theorie mit und darf nicht nur, sondern soll an mögliche Alternativen denken. Das didaktische Engagement ist dabei ebenso offenkundig wie der Wunsch, Fächer dort zu verändern, wo man wirklich etwas ändern kann: im Curriculum.[43] Die Sozialwissenschaften, an die ich denke, bieten systematische Chancen zum wissenschaftlichen Probehandeln; es sind Möglichkeitswissenschaften.

Die hier vorgetragenen Überlegungen verdanken zwei Autoren besonders viel: Clifford Geertz und Albert O. Hirschman – und so, wie ich mit einer Hommage an den Autor von *Local Knowledge* begann, will

---

43 Vgl. im amerikanischen Kontext als beeindruckendes Beispiel dafür, wie eine Disziplingeschichte als Geschichte des curricularen Wandels geschrieben werden kann, W. B. Carnochan, *The Battleground of the Curriculum: Liberal Education and American Experience*, Stanford (Stanford University Press) 1993.

ich mit einer Hommage an den Autor von *Exit, Voice and Loyalty* schließen.[44]

Nie werden Werke und Lebensläufe von Gelehrten aufhören, uns zu faszinieren, in denen kognitives Interesse und moralisches Engagement sich wie selbstverständlich vereinen und wechselseitig stärken. Wir dürfen wieder von den Sozialwissenschaften als ›moral sciences‹ im emphatischen Sinne reden. Hirschman hat dazu ein wunderbar altmodisches Bekenntnis in seinem Essay ›Morality and the Social Sciences: A Durable Tension‹ abgelegt, dessen Schluß ich zitiere: »Am Ende des so betretenen Weges kann man sich dann eine Sozialwissenschaft vorstellen, die ganz anders ist als die, die die meisten von uns heute praktizieren: eine moralische Sozialwissenschaft, in der moralische Erwägungen nicht unterdrückt und beiseite gelassen, sondern systematisch der analytischen Argumentation beigemischt werden, ohne daß Schuldgefühle wegen mangelnder Geschlossenheit aufkämen; die oft und ungezwungen zwischen dem strengen Beweis und der moralischen Forderung hin und herwechselt; und wo moralische Erwägungen es nicht länger nötig haben, verstohlen eingeschmuggelt oder unbewußt zum Ausdruck gebracht zu werden, sondern sich mit entwaff-

---

44 Dazu zwei programmatische Äußerungen: »There are enough general principles in the world already« (Clifford Geertz, *Local Knowledge*, a. a. O., S. 5, ›Introduction‹) und: »It would be futile to look for a generally valid solution« (Albert O. Hirschman, *A Propensity to Self-Subversion*, Cambridge/ Mass. [Harvard University Press] 1995, S. 5, ›Introduction‹). Hirschman nennt diese Haltung den ›nibbling approach‹; dt. *Selbstbefragung und Erkenntnis*, München (Hanser) 1996.

nender Offenheit zeigen können. Das wäre ein Teil dessen, was ich mir als ›Sozialwissenschaft unserer Enkelkinder‹ erträume.«[45]

Albert O. Hirschman hat sich diesen Traum in einem Werk erfüllt, das an Spannweite und Originalität seinesgleichen sucht. Hier geht es nicht um die ›Suche nach Wirklichkeit‹. Die Wirklichkeit ist da, sie muß mit empirischen Mitteln erfaßt, aber – was weit wichtiger ist –, sie muß vor allem auf die in ihr liegenden Möglichkeiten befragt werden. Die Sozialwissenschaften prägt ihr Möglichkeitssinn. Albert O. Hirschman selbst hat seine Leidenschaft für das Mögliche, seinen engagierten ›Possibilismus‹, mit Rückgriff auf Kierkegaard formuliert. Der folgende Text aber scheint mir noch geeigneter, um eine sozialwissenschaftliche Haltung für unsere Zeit zu beschreiben: »Wenn es aber Wirklichkeitssinn gibt [...], dann muß es auch etwas geben, das man Möglichkeitssinn nennen kann. Wer ihn besitzt, sagt beispielsweise nicht: Hier ist dies oder das geschehen, wird geschehen, muß geschehen; sondern er erfindet: Hier könnte, sollte oder müßte geschehen; und wenn man ihm von irgend etwas erklärt, daß es so sei, wie es sei, dann denkt er: Nun, es könnte wahrscheinlich auch anders sein. So ließe sich der Möglichkeitssinn geradezu als die Fähigkeit definieren, alles, was ebensogut sein könnte, zu denken, und das,

45 Albert O. Hirschman, »Morality and the Social Sciences. A Durable Tension«, hier zitiert nach der deutschen Übersetzung »Moral und Sozialwissenschaften. Über die Langlebigkeit ihres Spannungsverhältnisses«, in: ders., *Entwicklung, Markt und Moral. Abweichende Betrachtungen*, München (Hanser) 1989, S. 101.

was ist, nicht wichtiger zu nehmen als das, was nicht ist
[…]. Möglichkeitsmenschen leben, wie man sagt, in
einem feineren Gespinst, in einem Gespinst von Dunst,
Einbildung, Träumerei und Konjunktiven; Kindern,
die diesen Hang haben, treibt man ihn nachdrücklich
aus […].«[46]

Soweit Robert Musil. Wir müssen lernen und lehren,
uns mit den etablierten Wirklichkeiten nicht abzufinden. Dies bedeutet keine Rückkehr zur Utopie, sondern nur die Bildung und die Kräftigung eines auf Em-
pirie beruhenden Möglichkeitssinns. Gegen den Strich
gilt es, zu argumentieren, unsere Lust muß dem Probehandeln gelten. Den triumphierenden Ausrufezeichen
»So ist es!« der großen Theoriebildner, an denen die
Geschichte der Sozialwissenschaften überreich ist,
sollten wir die bescheidene, aber wirkungsvolle Frage
entgegensetzen: »Ist es wirklich so?«, und dann mögen
wir noch ein Ausrufezeichen hinzufügen: »Das wollen
wir doch einmal sehen!«

---

46 Robert Musil, *Der Mann ohne Eigenschaften*, Reinbek bei Hamburg (Ro-
wohlt) 1978, S. 16. Vgl. zum Möglichkeitssinn in der Ökonomie Ashok V.
Desais Bemerkung: »The value of economics lies in its counter-intuitive
character, in the scope it offers for dissent from convention. The fun of
doing economics lies in controversy, surprise and innovation.« Ashok V.
Desai, »Reforming the Indian Economy« (Presidential Address, Gujarat
Economic Association) 1995, Manuskript, S. 1. In seinem Essay über »Moral und Sozialwissenschaften« hat Albert O. Hirschman hervorgehoben,
heute sei die Wiedereinführung der Moral in die Ökonomie ebenso über-
raschend wie die seinerzeitige Vertreibung der Moral aus der Ökonomie
bei Adam Smith. Hirschman wirft jenen, die verstärkt versuchen, nicht-
ökonomische Phänomene ökonomisch zu analysieren, also zu entmora-
lisieren, nicht zuletzt ihre Unoriginalität vor: die betreffenden Autoren
wiederholen die Provokationen von vorgestern.

Ich bin davon überzeugt, daß die Sozialwissenschaften die Herausforderungen, vor die unsere in einem unerhörten Umbruch befindlichen Gesellschaften uns stellen, nur meistern werden, wenn sie diesen Möglichkeitssinn ausbilden und weiterentwickeln.

## Literaturwissenschaft und Kulturtheorie
## in der edition suhrkamp
## Eine Auswahl

NF 308/2/8.00

## »Aesthetica«
## in der edition suhrkamp

**Harold Bloom.** Ein Topographie des Fehllesens. Übersetzt von Isabella Mayr. es 2011. 281 Seiten

**Karl Heinz Bohrer (Hg.).** Sprachen der Ironie – Sprachen des Ernstes. es 2083. 428 Seiten

**Gilles Deleuze.** Kritik und Klinik. Übersetzt von Joseph Vogl. es 1919. 208 Seiten

**Gilles Deleuze.** Die Logik des Sinns. Übersetzt von Bernhard Dieckmann. es 1707. 397 Seiten

**Josef Früchtl/Jörg Zimmermann (Hg.).** Ästhetik der Inszenierung. Dimensionen eines künstlerischen, kulturellen und gesellschaftlichen Phänomens. es 2196. 310 Seiten

**Werner Hamacher.** Entferntes Verstehen. Studien zu Philosophie und Literatur von Kant bis Celan. es 2026. 320 Seiten

**Anselm Haverkamp (Hg.).** Die paradoxe Metapher. es 1940. 482 Seiten

**Neil Hertz.** Das Ende des Weges. Die Psychoanalyse und das Erhabene. Übersetzt von Isabella König. es 1939. 304 Seiten

**Paul de Man.** Die Ideologie des Ästhetischen. Herausgegeben von Christoph Menke. Übersetzt von Jürgen Blasius. es 1682. 300 Seiten

NF 309/1/3.02

**Dieter Mersch.** Ereignis und Aura. Untersuchungen zu einer »performativen Ästhetik«. es 2219. 250 Seiten

**Eckhard Schumacher**. Die Ironie der Unverständlichkeit. Johann Georg Hamann, Friedrich Schlegel, Jacques Derrida, Paul de Man. es 2172. 300 Seiten

## Philosophie in der edition suhrkamp
## Eine Auswahl

**Theodor W. Adorno**
- Gesellschaftstheorie und Kulturkritik. es 772. 179 Seiten
- Jargon der Eigentlichkeit. Zur deutschen Ideologie.
  es 91. 139 Seiten
- Ob nach Auschwitz noch sich leben lasse. Ein philosophi-
  sches Lesebuch. Herausgegeben von Rolf Tiedemann.
  es 1844. 569 Seiten
- Stichworte. Kritische Modelle 2. es 347. 193 Seiten

**Geist an den Zeitgeist.** Erinnern an Adorno. Herausgegeben
von Josef Früchtl und Marina Calloni. es 1630. 224 Seiten

**Hannah Arendt revisited: ›Eichmann und Jerusalem‹ und die
Folgen.** Herausgegeben von Gary Smith. es 2135. 312 Seiten

**Ästhetik der Inszenierung.** Dimensionen eines künstlerischen, kulturellen und gesellschaftlichen Phänomens. Aesthetica. Herausgegeben von Josef Früchtl und Jörg Zimmermann. es 2196. 310 Seiten

**Giorgio Agamben.** Homo sacer. Die souveräne Macht und
das nackte Leben. Übersetzt von Hubert Thüring. Erbschaft
unserer Zeit. Band 16. es 2068. 220 Seiten

**Etienne Barilier.** Gegen den neuen Obskurantismus. Lob des
Fortschritts. Übersetzt von Ulrich Kunzmann.
es 2099. 180 Seiten

**Roland Barthes**
- Der entgegenkommende und der stumpfe Sinn. Kritische
  Essays III. Übersetzt von Dieter Hornig. es 1367. 319 Seiten

- Die Körnung der Stimme. Übersetzt von A. Bucaille-Euler, B. Spielmann und G. Mahlberg. es 2278. 400 Seiten
- Kritik und Wahrheit. Übersetzt von Helmut Scheffel. es 218. 91 Seiten
- Mythen des Alltags. Übersetzt von Helmut Scheffel. es 92. 152 Seiten
- Das Reich der Zeichen. Übersetzt von Michael Bischoff. Mit zahlreichen Abbildungen. es 1077. 154 Seiten
- Das semiologische Abenteuer. Übersetzt von Dieter Hornig. es 1441. 298 Seiten
- Die Sprache der Mode. Übersetzt von Horst Brühmann. es 1318. 380 Seiten

**Roland Barthes.** Eine intellektuelle Biographie. Von Ottmar Ette. es 2077. 520 Seiten

**Benjamins Begriffe.** Herausgegeben von Michael Opitz und Erdmut Wizisla. Zwei Bände. es 2048. 880 Seiten

**Karl Heinz Bohrer**
- Die Kritik der Romantik. Der Verdacht der Philosophie gegen die literarische Moderne. es 1551. 311 Seiten
- Plötzlichkeit. Zum Augenblick des ästhetischen Scheins. es 1058. 262 Seiten
- Der romantische Brief. Die Entstehung ästhetischer Subjektivität. es 1582. 268 Seiten

**Jacques Derrida**
- Das andere Kap. Die vertagte Demokratie. Zwei Essays zu Europa. Übersetzt von Alexander García Düttmann. es 1769. 97 Seiten
- Vergessen wir nicht – die Psychoanalyse! Herausgegeben und übersetzt von Hans-Dieter Gondek. es 1980. 234 Seiten
- Die unbedingte Universität. Übersetzt von Stefan Lorenzer. es 2238. 77 Seiten

**Gilles Deleuze**
- Die Logik des Sinns. Aesthetica. Herausgegeben von Karl Heinz Bohrer. Übersetzt von Bernhard Dieckmann. es 1707. 397 Seiten
- Unterhandlungen 1972-1990. Übersetzt von Gustav Roßler. es 1778. 262 Seiten

**Manfred Frank**
- Einführung in die frühromantische Ästhetik. Vorlesungen. es 1563. 466 Seiten.
- Die Grenzen der Verständigung. Ein Geistergespräch zwischen Lyotard und Habermas. es 1481. 103 Seiten
- Kaltes Herz. Unendliche Fahrt. Neue Mythologie. Motiv-Untersuchungen zur Pathogenese der Moderne. es 1456. 118 Seiten
- Der kommende Gott. Vorlesungen über die Neue Mythologie I. Teil. es 1142. 360 Seiten
- Gott im Exil. Vorlesungen über die Neue Mythologie. II. Teil. es 1506. 350 Seiten
- Die Unhintergehbarkeit von Individualität. Reflexionen über Subjekt, Person und Individuum aus Anlaß ihrer postmodernen Toterklärung. es 1377. 131 Seiten
- Was ist Neostrukturalismus? es 1203. 615 Seiten

**Werner Hamacher.** Entferntes Verstehen. Studien zur Philosophie und Literatur von Kant bis Celan. Aesthetica. es 2026. 320 Seiten

**Dieter Henrich**
- Eine Republik Deutschland. Reflexionen auf dem Weg aus der deutschen Teilung. es 1658. 102 Seiten
- Nach dem Ende der Teilung. Über Identitäten und Intellektualität in Deutschland. es 1813. 233 Seiten

**Otfried Höffe.** Medizin ohne Ethik? Standpunkte.
es 2245. 240 Seiten

**Jochen Hörisch**
- Brot und Wein. es 1692. 295 Seiten
- Ende der Vorstellung. Die Poesie der Medien.
  es 2115. 292 Seiten
- Kopf oder Zahl. Die Poesie des Geldes. es 1998. 370 Seiten

**Konstruktionen praktischer Vernunft.** Philosophie im Gespräch. Herausgegeben von Herlinde Pauer-Studer.
es 2181. 304 Seiten

**Die List.** Herausgegeben von Harro von Senger.
es 2039. 500 Seiten

**Paul de Man**
- Allegorien des Lesens. Übersetzt von Werner Hamacher und Peter Krumme. Mit einer Einleitung von Werner Hamacher. es 1357. 233 Seiten
- Die Ideologie des Ästhetischen. Herausgegeben von Christoph Menke. Übersetzt von Jürgen Blasius. Aesthetica. es 1682. 300 Seiten

**Dieter Mersch.** Ereignis und Aura. Untersuchungen zu einer »performativen Ästhetik«. Aesthetica. es 2219. 250 Seiten

**Martha C. Nussbaum.** Gerechtigkeit oder Das gute Leben.
es 1739. 316 Seiten

**Die Organisation der Philosophen.** Herausgegeben von Wilhelm Berger und Peter Heintl. es 2069. 324 Seiten

**Richard Rorty.** Die Schönheit, die Erhabenheit und die Gemeinschaft der Philosophen. es 2149. 87 Seiten

NF 314/4/3.02

**Peter Sloterdijk**
- Der Denker auf der Bühne. Nietzsches Materialismus. es 1353. 190 Seiten
- Eurotaoismus. Zur Kritik der politischen Kinetik. es 1450. 346 Seiten
- Kopernikanische Mobilmachung und ptolemäische Abrüstung. Ästhetischer Versuch. es 1375. 126 Seiten
- Kritik der zynischen Vernunft. 2 Bände. es 1099. 954 Seiten
- Luftbeben. An den Quellen des Terrors. es 2286. 112 Seiten
- Regeln für den Menschenpark. Ein Antwortschreiben zu Heideggers Brief über den Humanismus. Sonderdruck edition suhrkamp. 60 Seiten
- Der starke Grund, zusammmen zu sein. Erinnerungen an die Erfindung des Volkes. Sonderdruck edition suhrkamp. 56 Seiten
- Tau von den Bermudas. Versuch über das Verlangen nach Neuzeit. Rede zur Eröffnung der Salzburger Festspiele 2001. Sonderdruck edition suhrkamp. 60 Seiten
- Versprechen auf Deutsch. Rede über das eigene Land. es 1631. 82 Seiten
- Weltfremdheit. es 1781. 381 Seiten
- Zur Welt kommen – Zur Sprache kommen. Frankfurter Vorlesungen. es 1505. 175 Seiten

**Peter Sloterdijks »Kritik der zynischen Vernunft«.**
es 1297. 388 Seiten

**Peter Strasser**
- Journal der letzten Dinge. es 2051. 301 Seiten
- Philosophie der Wirklichkeitssuche. es 1518. 235 Seiten
- Die verspielte Aufklärung. es 1342. 164 Seiten
- Der Weg nach draußen. Skeptisches, metaphysisches und religiöses Denken. es 2177. 270 Seiten